UNIVERSO DOS VAQUEIROS
MODOS DE CRIAR E VIVER NOS SERTÕES DA BAHIA

Editora Appris Ltda.
1.ª Edição - Copyright© 2024 dos autores
Direitos de Edição Reservados à Editora Appris Ltda.

Nenhuma parte desta obra poderá ser utilizada indevidamente, sem estar de acordo com a Lei n° 9.610/98. Se incorreções forem encontradas, serão de exclusiva responsabilidade de seus organizadores. Foi realizado o Depósito Legal na Fundação Biblioteca Nacional, de acordo com as Leis nos 10.994, de 14/12/2004, e 12.192, de 14/01/2010.

Catalogação na Fonte
Elaborado por: Josefina A. S. Guedes
Bibliotecária CRB 9/870

A659u 2024	Araújo, Bibiana Oliveira Pinto
	    Universo dos vaqueiros: modos de criar e viver nos sertões da Bahia / Bibiana Oliveira Pinto Araújo. – 1. ed. – Curitiba: Appris, 2024.
	    160 p. ; 23 cm. – (Ciências sociais. Seção história).
	
	    Inclui referências.
	    ISBN 978-65-250-5692-0
	
	    1. Pecuária – Bahia (BA). 2. Vaqueiros – Bahia (BA) – Usos e costumes. I. Título. II. Série.
	
	                                                        CDD – 636.2

Livro de acordo com a normalização técnica da ABNT

Appris editora

Editora e Livraria Appris Ltda.
Av. Manoel Ribas, 2265 – Mercês
Curitiba/PR – CEP: 80810-002
Tel. (41) 3156 - 4731
www.editoraappris.com.br

Printed in Brazil
Impresso no Brasil

Bibiana Oliveira Pinto Araújo

UNIVERSO DOS VAQUEIROS
MODOS DE CRIAR E VIVER NOS SERTÕES DA BAHIA

FICHA TÉCNICA

EDITORIAL Augusto Coelho
Sara C. de Andrade Coelho

COMITÊ EDITORIAL Marli Caetano
Andréa Barbosa Gouveia - UFPR
Edmeire C. Pereira - UFPR
Iraneide da Silva - UFC
Jacques de Lima Ferreira - UP

SUPERVISOR DA PRODUÇÃO Renata Cristina Lopes Miccelli

PRODUÇÃO EDITORIAL Daniela Nazario

REVISÃO Monalisa Morais Gobetti
Mônica Naiara Santos

DIAGRAMAÇÃO Andrezza Libel

CAPA Dani Baum

COMITÊ CIENTÍFICO DA COLEÇÃO CIÊNCIAS SOCIAIS

DIREÇÃO CIENTÍFICA Fabiano Santos (UERJ-IESP)

CONSULTORES
Alícia Ferreira Gonçalves (UFPB)
Artur Perrusi (UFPB)
Carlos Xavier de Azevedo Netto (UFPB)
Charles Pessanha (UFRJ)
Flávio Munhoz Sofiati (UFG)
Elisandro Pires Frigo (UFPR-Palotina)
Gabriel Augusto Miranda Setti (UnB)
Helcimara de Souza Telles (UFMG)
Iraneide Soares da Silva (UFC-UFPI)
João Feres Junior (Uerj)

Jordão Horta Nunes (UFG)
José Henrique Artigas de Godoy (UFPB)
Josilene Pinheiro Mariz (UFCG)
Leticia Andrade (UEMS)
Luiz Gonzaga Teixeira (USP)
Marcelo Almeida Peloggio (UFC)
Maurício Novaes Souza (IF Sudeste-MG)
Michelle Sato Frigo (UFPR-Palotina)
Revalino Freitas (UFG)
Simone Wolff (UEL)

Aos meus pais, Hilter Souza Pinto (in memoriam) e Faraildes Oliveira Pinto,
aos quais devo a minha vida e tudo o que sou.

AGRADECIMENTOS

Ao professor doutor Moises Oliveira Sampaio, por sua orientação e valiosa contribuição nesta pesquisa.

Aos professores e professoras do PPGEAFIN e a todos os membros da UNEB/Campus XVI, por possibilitarem a expansão da pós-graduação no interior da Bahia.

Aos membros da minha Banca de Qualificação e Defesa, professora Maria Dorath Bento Sodré e professor Ronem Man, pelas críticas, sugestões e direcionamentos que me ajudaram a melhorar o trabalho final.

Aos colegas do curso de mestrado, pelos momentos de estudo, debates e descontração, que possibilitaram um ambiente de aprendizado e leveza.

Aos funcionários do Arquivo Público Municipal e da Biblioteca Municipal de Morro do Chapéu, pela atenção e presteza que tornaram as longas horas de catalogação em momentos produtivos e prazerosos.

A cada vaqueiro e familiar que me recebeu em suas casas, falou de suas vivências e me permitiu partilhar de suas memórias. Foram momentos de significativo aprendizado, que se conectaram às minhas lembranças e à minha identidade. Cada entrevista teve de um significado especial: o senhor Orlando, por sua sabedoria; João Cruz, que demonstrou seu orgulho ao se aposentar como vaqueiro; o detalhamento e a generosidade do senhor Julindo; o bom humor do senhor Ananias; a tranquilidade do senhor João Correia; a simplicidade do senhor José Inácio; a conversa boa com Jailton Santos; a alegria e o entusiasmo da senhora Eliséria; além da atenção e cordialidade dos familiares de Maria Marcolina. Suas trajetórias são inspiradoras para as novas gerações, a exemplo do jovem vaqueiro Romário Inácio, a quem agradeço por me acompanhar em várias dessas conversas e na identificação das estradas vaqueiras.

A minha querida família, pelo apoio e incentivo: minha mãe, pelas conversas e inspiração; meu pai, por seu exemplo e pela valiosa ajuda na concretização desta pesquisa, pois, mesmo não estando mais entre nós, a simples menção de seu nome promovia laços de confiança — aspecto muito importante em uma pesquisa oral; aos meus irmãos e irmãs, cunhados e cunhadas e sobrinhos e sobrinhas, por todas as palavras de estímulo; aos meus filhos, Natália e Ulisses, por entenderem minhas ausências, vocês sintetizam o melhor de mim; ao meu companheiro de jornada Solon Santos, que tanto admiro, por sua inteligência, por me fazer acreditar em meus sonhos e, com sua paciência, por me lembrar de tudo que sou capaz de realizar. Sou muito grata a todas e a todos, eu os amo imensamente!

Aos meus amigos e amigas que ouviram as minhas queixas, e por sempre me apoiarem. Quero aqui registrar um agradecimento especial a minha amiga Emanuela Betânia, pelos conselhos, seus intermináveis e tão necessários áudios, pelas conversas e contribuições precisas.

Por fim, agradeço aos meus conterrâneos de Morro do Chapéu e todos que contribuíram direta ou indiretamente para a realização desta pesquisa.

PREFÁCIO

Maria Vaqueira, com esse nome abro o prefácio deste livro. O estudo não é exclusivamente sobre uma mulher vaqueira, mas essa Maria sendo vaqueira é ponto-chave para entender a relevância deste trabalho. Ser mulher e ser vaqueira não era e ainda não é comum. Assim, o incomum, o não mensurável e esperado ganha força para abrir as ideias que prefaciam e envolver para que conheçam as ideias deste livro. Com a força de um trabalho original, necessário para se conhecer, de forma grata, este estudo que a mim chegou, inicialmente, como uma dissertação de mestrado, ainda em fase de trabalho de qualificação. Agora, tornou-se um livro robusto, reunindo memórias emotivas, ausência de estudos e campo de "recria" de ideias como as práticas com a criação de animais pelos vaqueiros.

Então, desde esse primeiro encontro pude compreender a importância do trabalho de pesquisa e do comprometimento de sua autora, agora mestra, Bibiana Oliveira Pinto Araújo, que construiu este trabalho, original, no Programa de Pós-Graduação em Estudos Africanos, Povos Indígenas e Culturas Negras (PPGEAFIN) da Universidade do Estado da Bahia (UNEB), sob a orientação do morrense professor doutor Moises de Oliveira Sampaio.

Como Maria Vaqueira, este é um registro reflexivo, marcante para historiar sobre o Território do sertão, com Morro do Chapéu, cenário de uma Bahia diversa e plural. Faz a gente pensar e conhecer a história de uma Bahia de muitos sujeitos com outras referências existenciais diferentes dos estudos recorrentes sobre Bahia localizada e circunscrita no litoral, e que ainda insiste ser generalizada como a história da Bahia. Maria Vaqueira traz a memória dos que conheceram sua vida de coragem, este livro, *Universo dos vaqueiros: modos de criar e viver nos sertões da Bahia*, disponibiliza que se conheça histórias de sujeitos e comunidades que contribuíram para a vida na Bahia em tempos outros, passados, fazendo a história acontecer mesmo que seus registros não sejam, até então, estudados.

O propósito do estudo contribui com a compreensão sobre complexidades de "viver e modos de criar" na história brasileira, com ampliação sobre a história da Bahia e, especialmente, com considerada escuta dos que estão invisibilizados na história e são sujeitos significativos na construção de possibilidade de existência e estruturação de municípios baianos.

As referências culturais de saberes e memórias dos vaqueiros, questões sociais que envolvem a compreensão desse "tipo brasileiro" quanto ao seu lugar na estrutura socioeconômica de uma sociedade pós-escravidão e como a pecuária se tornou uma das mais importantes dimensões da economia no sertão, especialmente na configuração e existência histórica de Morro do Chapéu.

Maria Vaqueira é quem pode expressar as questões que envolveram a pecuária para Morro do Chapéu, situando no que a historiografia apresenta do tema na história de ocupação das terras do interior, e aspectos que envolveram a sua conformação tendo a criação de gado como fonte de renda e modelador de práticas socioculturais.

Agradeço pelo convite e alegria proporcionada por participar deste processo de tornar uma memória, por vezes vaga e emotiva, em um trabalho informativo, expressivo, educativo sobre a história de Morro do Chapéu, com os vaqueiros que também fazem parte da história da Bahia, das várias configurações sociais e econômicas que se formaram para existirem como hoje conhecemos, ou pouco conhecemos. E como estes municípios se estruturaram em tempos memoriais.

Bibiana traz aos sujeitos atuais, moradores de Morro do Chapéu e interessados sobre a história da Bahia, elementos de caracterização e as ideias advindas dos meandros da relação entre o que dizem os entrevistados da pesquisa e a tessitura, a costura entre a existência do tipo social brasileiro e os elementos da memória afetiva, familiar, do trabalho e da identidade do vaqueiro em Morro do Chapéu.

A delimitação temporal tanto pela temporalidade quanto pelos marcos que apresenta atende ao propósito de conhecer como estruturou a pecuária, enfrentou as adversidades, como a seca, para conformar o tipo vaqueiro enquanto sujeito social e suas práticas culturais.

As referências teórico-conceituais estão assentadas na perspectiva referendada por E. P. Thompson da chamada "história vista de baixo", que está tanto no reconhecimento do sujeito social do vaqueiro quanto no reconhecimento das fontes primárias como registros locais sobre a pecuária na economia e sociedade morrense.

As fontes escritas dos jornais *Correio de Sertão* e *Lidador* foram metodologicamente bem utilizadas, o que tornou possível um texto com dados de períodos históricos e sínteses sobre a presença da pecuária na economia e sociedade do Morro do Chapéu. As fontes orais apresentam dados que sustentam as análises diante da problemática proposta, pois são elas as responsáveis por trazer sobre os trabalhadores-vaqueiros e o território para criar e viver com o (de) gado.

Agradeço por escrever este livro e parabenizo por nos disponibilizá-lo.

Boa leitura!

Maria Dorath Bento Sodré
Doutora em Educação e Contemporaneidade
Professora Assistente da Universidade do Estado da Bahia (UNEB)

SUMÁRIO

INTRODUÇÃO 15
  História social da pecuária 15
  Principais imprecisões e entendimentos 17
  Caminhos, instrumentos e orientações 24

1
PECUÁRIA EM MORRO DO CHAPÉU: DIÁLOGOS HISTÓRICOS 29
  1.1 Os sertões e a pecuária 30
  1.2 A pecuária em Morro do Chapéu................................... 33
  1.3 "Não pode fechar, é estrada vaqueira": as idas e vindas do gado pelo sertão 52

2
ABORDAGEM HISTÓRICA DOS TRABALHADORES DA ATIVIDADE PECUÁRIA.. 63
  2.1 Representação e memória dos vaqueiros da pecuária sertaneja................. 64
  2.2 Problematização da pecuária e seus trabalhadores.......................... 75
  2.3 Memórias, trajetórias e identidade 79
  2.4 Experiências e relações de trabalho............................. 83
  2.5 Dimensão simbólica: solidariedade, habilidade e criatividade 96

3
AS FAMÍLIAS VAQUEIRAS NO INÍCIO DO SÉCULO XX................. 103
  3.1 A mulher no universo cultural pastoril 105
  3.2 Os papéis das mulheres na atividade pastoril: proprietárias de terra e gado 110
  3.3 As secas e o alargamento dos papéis femininos no sertão..................... 113
  3.4 A importância das uniões e dos casamentos 117
  3.5 "Maria Vaqueira", uma entre tantas Marias? 122

CONSIDERAÇÕES FINAIS... 143

FONTES 149

REFERÊNCIAS.. 153

INTRODUÇÃO

Sou vaqueiro do Nordeste
Minha vida é campeá
A porta do meu destino
É a porteira do currá
Meu aboio é um grito triste
Pelo mundo todo persiste
Que alegra e faz chorar
(O Vaqueiro. Composição de Alcymar Monteiro.
Álbum: Forró de todos nós, 2003)

História social da pecuária

A história da pecuária sertaneja é permeada de um universo cultural em que seus trabalhadores se reconhecem como sujeitos distintos; e a atividade dos vaqueiros é impregnada de signos e sentidos vividos e passados de uma geração a outra, pois existe uma sensibilidade em reconhecer quais indivíduos dentre os filhos herdaram o dom de seus pais. Mais do que uma profissão, os vaqueiros reconhecem-se como sujeitos protagonistas de um estilo de vida por eles valorado.

Essas impressões foram observadas nos depoimentos de vaqueiros de Morro do Chapéu, na Bahia, município situado no Território de Identidade da Chapada Diamantina, cujo percurso histórico esteve voltado à economia agropecuária e à mineração de diamantes e carbonato. Foi a atividade pecuária que deu origem ao repovoamento[1] dessas terras a partir da segunda metade do século XVII. O autorreconhecimento e a identificação dos trabalhadores da pecuária, por vezes, escondem um passado de escravização, sendo muitos deles descendentes de escravizados, e esse contexto de dificuldades e privações é um indício de como se davam as relações de trabalho, e seus usos, costumes e crenças formam uma cultura muito rica, que se relaciona com diferentes contextos históricos.

A pecuária, assim como em outras atividades desenvolvidas no Brasil, tem suas bases assentadas na égide da escravidão. Por discussões atuais, como a de Francisco Carlos Teixeira da Silva, no artigo "Pecuária, agricul-

---

[1] Considera-se o termo repovoamento mais adequado dada a compreensão do processo de pré-conquista, conquista e diáspora dos povos indígenas nos sertões da Bahia.

tura de alimentos e recursos naturais no Brasil-Colônia", compreende-se que a atividade de criar foi compatível com o trabalho compulsório (SILVA, F. C. T. da, 2002). Esse tema também é explorado por Jackson André da Silva Ferreira em sua tese "Gurgalha: um coronel e seus dependentes no sertão baiano (Morro do Chapéu, Século XIX)", que discute a relação de dependência entre homens livres, escravos e o coronel Quintino Soares da Rocha. Esses trabalhos, portanto, servem de base para evidenciar as relações étnico-raciais presentes no Sertão da Bahia, especificamente no município de Morro do Chapéu, em sua história e na atividade pecuária (FERREIRA, J. A. da S., 2014).

A atividade de criação de gado desenvolvida nos sertões da Bahia, desde o século XVII, era caracterizada por sua forma extensiva (ABREU, 1982; CALMON, 1983; BOAVENTURA, 1989; SANTOS FILHO, 2012), e a figura dos vaqueiros e de seus ajudantes tornou-se indispensável, moldando, por conseguinte, uma cultura vaqueira que dependia do conhecimento da lida, mas também das diferenças geográficas locais. Nesse cenário, considerando o município de Morro do Chapéu, que, atualmente, possui uma área de 5.532 km², na qual se condensam diferentes regiões, como áreas de matas e tabuleiros, áreas de caatinga, de carrasco (nome usado localmente para as áreas de transição), o gado circulava por essas diferentes paisagens, por meio de caminhos denominados estradas de passagem de gado. Esse percurso obedecia a épocas do ano específicas e aos locais de pouso, uma verdadeira rede de troca de experiências. Vale ressaltar, ainda, que, no início do século XX, o município era ainda maior, uma vez que os atuais municípios de América Dourada, Cafarnaum, Bonito, Utinga e Irecê não haviam sido desmembrados (SEI, 2003).

Outro fator importante é que o ofício de vaqueiro muitas vezes tem caráter hereditário. Por isso, na atualidade, os vaqueiros locais são tão conhecidos, pois muitos possuem os nomes de seus pais, sendo referência nas comunidades, inclusive quilombolas, como a de Gruta dos Brejões, Queimada Nova, Velame e Ouricuri. Desse modo, são herdeiros dessa tradição e dessa memória, que precisam ser documentadas. Em suma, eles são os atores principais da pecuária sertaneja.

Esse assunto tem sido discutido em diversas pesquisas acadêmicas, com trabalhos significativos que abordam o tema sob a perspectiva desses agentes históricos, como é o caso da pesquisa de Alécio Gama dos Reis, com a dissertação "O que farpa o boi farpa o homem: das memórias dos vaqueiros do campo sertão de Irecê (1943-1985)". Nesse trabalho, o autor discute as mudanças na economia, os impactos no meio agrário na região de Irecê, tomando como base as memórias coletivas dos vaqueiros. Para entender esse contexto, o autor aponta que por muito tempo a historiografia relegou aos vaqueiros um papel secundário, e

> O paradigma historiográfico economicista totalizador na década de 1960 atribuiu à pecuária e aos vaqueiros uma perspectiva subalterna no contexto de formação histórica do Brasil, produzindo um silêncio sobre esses sujeitos que só recentemente tem sido rompido (REIS, 2012, p. 24).

Reis apresenta ainda uma discussão sobre a figura do vaqueiro, tomando inicialmente a visão dos primeiros viajantes, cronistas e da literatura:

> É, contudo, com a publicação de Os Sertões que o vaqueiro [...] [é] elevado à condição de tipo social brasileiro. Em Euclides da Cunha [,] a imagem do vaqueiro se confunde com a imagem da própria sociedade forte, rude e original [...].
> [...] Os vaqueiros euclidianos são homens bravos, mestiços luso-indígenas, imutáveis e desbravadores, produto do sol e da terra, são os responsáveis pelo povoamento do interior, antípoda do missionário e do minerador que apenas se foram ao sertão para explorar o silvícola e a riqueza mineral. O vaqueiro é, porém, de aparência fatigada, desengonçado, abatido e forte, lento como as boiadas, mas ágil na captura da rês fugitiva, fiel a seu patrão, vivendo nas fazendas uma servidão inconsciente (REIS, 2012, p. 26).

Outra obra que discute as relações sociais e econômicas da pecuária e que oferece uma discussão sobre o cotidiano dos trabalhadores e fazendeiros é o livro de Joana Medrado, *Terra de Vaqueiros*, que tem como cenário a Comarca de Jeremoabo. Nessa obra, a autora contrapõe as visões memorialistas e românticas do campo sertanejo às lutas pela sobrevivência e ascensão social (MEDRADO, 2012).

Principais imprecisões e entendimentos

Esta pesquisa corresponde à construção de uma história social da pecuária, que parte do entendimento de sua importância e da percepção da existência de várias lacunas, silêncios e incompreensões culminados em inquietações apresentadas e discutidas ao longo deste texto. Essas lacunas podem ser sintetizadas nas questões a seguir:

1. Como se desenvolveu a pecuária em Morro do Chapéu (BA)? (A lacuna evidenciada pela carência de diálogos com a história desses indivíduos e o registro de suas trajetórias e experiências).

Nesse espaço, a cultura vaqueira está presente e pode ser observada por meio das festas de "pegas de bois", cavalgadas e "encontros de vaqueiros", no gado criado às "soltas", na região dos tabuleiros e na chegada de vaqueiros para a feira livre às sextas-feiras, que, vestidos de jaleco e com chapéu de couro, evidenciam o valor dado à tradição. Apesar das modificações da própria atividade pecuária, o ofício de vaqueiro mantém-se, o antigo e o novo se misturam e as experiências dos antigos vaqueiros são reconhecidas e valorizadas pela memória coletiva. E a investigação por meio das fontes orais contribui para romper esses silêncios.

O registro e a problematização aqui propostos estão centrados nas primeiras décadas do período republicano, palco de intensas transformações. O recorte temporal de 1905 a 1940 deve-se ao fato de que a pecuária já se encontrava consolidada como uma das principais atividades econômicas locais. Outro fator está relacionado ao descortinar das relações de trabalho no pós-abolição; e, uma última razão, também às fontes orais, pela especificidade da memória, recordação dos laços de parentesco e de vivências. Esse recorte está ligado diretamente à delimitação do espaço, pois foi na primeira década do século XX que a então vila de Morro do Chapéu foi elevada à categoria de município, quando parte de seus limites territoriais foram definidos. Além disso, é preciso ainda considerar a relação da pecuária com a atividade mineradora, haja vista que a partir de 1905 houve o reaquecimento do comércio de diamantes e, principalmente, de carbonato, devido à conjuntura internacional. Ademais, a partir da delimitação final de 1940, foi possível investigar em que medida a Grande Seca impactou na atividade pecuária e no cotidiano dos vaqueiros.

Essas questões referem-se à contextualização da pecuária regional e local, aspectos discutidos no primeiro capítulo, que apresenta um panorama geral da pecuária na região de Morro do Chapéu, e de seus aspectos geográficos, econômicos e históricos. Em relação ao campo de observação, propõe-se a história regional. Sobre essa categoria, Barros (2004, p. 152-153) ressalta que

> Quando um historiador se propõe a trabalhar dentro do âmbito da História Regional, ele mostra-se interessado em estudar diretamente uma região específica. O espaço regional,

> é importante destacar, não estará necessariamente associado a um recorte administrativo ou geográfico, podendo se referir a um recorte antropológico, a um recorte cultural ou a qualquer outro recorte proposto pelo historiador de acordo com o problema histórico que irá examinar. [...] de qualquer modo, o interesse central do historiador regional é estudar especificamente este espaço, ou as relações sociais que se estabelecem dentro deste espaço, mesmo que eventualmente pretenda compará-lo com outros espaços similares ou examinar em algum momento de sua pesquisa a inserção do espaço regional em um universo maior (o espaço nacional, uma rede comercial).

Entende-se que as temáticas regionais possibilitam a ampliação das áreas de estudo e problemas e o entendimento de diferentes contextos, permitindo, ainda, dialogar, identificar singularidades, contrapor e estabelecer relações diversas, inclusive entre o regional e o nacional. A definição da função de vaqueiro pode ser enquadrada nessa discussão, uma vez que, conforme o texto de justificação do Projeto de Lei n.º 83 que regulamenta a profissão de vaqueiro, proposto em 2007 (n.º 2.123) e aprovado em 2011, afirma-se que

> O vaqueiro nordestino, porém, é apenas um jeito de se fazer vaqueiro. Na realidade, o vaqueiro está por todos os recantos deste país. Porque onde há gado, é preciso alguém que toque esse gado, buscando pastos e lagoas para que o rebanho não passe fome ou sede. Vaqueiros há nas Minas Gerais, na Amazônia, Sul e Sudeste, Centro-Oeste, Nordeste. Nos campos, pantanais, cerrados, caatinga, no litoral [...]. No Nordeste a figura do vaqueiro se destaca muito provavelmente por conta de sua indumentária (CÂMARA DOS DEPUTADOS, 2011, p. 16).

A própria designação do trabalhador da atividade pastoril varia conforme a região, sendo conhecido no Norte e no Nordeste como vaqueiro; já na Ilha do Marajó, o vaqueiro marajoara se diferencia do nordestino pela espécie de gado criado, vestimenta e paisagem. Segundo Pombo (2014, p. 47),

> Considera-se o vaqueiro à moda antiga o mais tradicional, representado pelo traje composto de calça comprida e camisa vermelha e sobre a cabeça o inseparável, chapéu de palha, e preso ao cós da calça a indumentária se completa com um pequeno serrote. Ainda no piso inferior do museu o visitante se depara com instrumentos específicos do vaqueiro: chapéus,

cordas, adornos para arreios dos cavalos, algumas selas e também armas. Há referência também às quatro raças de búfalo criadas no Marajó: Mediterrâneo, Murrah, Jafarabadi e Carabao cujas cabeças, com os chifres que os definem, estão presas em uma esteira à frente do cenário.

Nas regiões Sudeste e Sul, a designação principal é a de peão. Conforme estudo desenvolvido por Mário Maestri, ao analisar a fazenda crioula sulina, "uma das grandes razões da baixa produtividade pastoril no Sul e no Plata foi a *escassez* de trabalhadores no Rio Grande do Sul, Argentina, Uruguai" (MAESTRI, 2010, p. 247, grifo do autor). Nessa análise, o autor destaca a forma de pagamento em salário, contrastando com o sistema de sortes empregadas nas primeiras unidades pastoris nordestinas, quando

> O salário do peão era elevado em relação ao preço do gado e à produtividade das fazendas. Em 1737-9, o salário dos peões era de 4$000/4$800 mil-réis e a paga dos "domadores", 6$400 mil-réis. Nesse então, quando um couro podia valer mais do que o animal vivo, devido ao trabalho de extração, uma vaca custava uns 240 réis! Em 1751, um cavalo custava de 2$560 a 4 mil-réis e o peão recebia uns 5$120 mil-réis (MAESTRI, 2010, p. 249).

Além disso, Maestri estuda as relações de trabalho e a variação entre mão de obra livre e a presença do escravo campeiro, ou seja, de escravizados atuando nas atividades pastoris em detrimento de visões em que a presença negra era de ex-escravos que trabalhavam apenas nas atividades agrícolas (MAESTRI, 2010, p. 223).

Ainda sobre a região Sul, Andréia Oliveira da Silva (2010, p. 89) analisa a ocupação de *posteiro* como "uma categoria social tradicional da economia pastoril sul-rio-grandense". O posteiro era um trabalhador geralmente livre, "um homem de boa procedência e peão habilidoso que, ao casar-se, transferia-se para essa categoria social ao assumir no seio da fazenda, entre outras funções, a de evitar a fuga do gado e de cativos durante a escravidão" (SILVA, A. O. da, 2010, p. 89). Ainda segundo Andréia Oliveira da Silva (2010, p. 101),

> [...] entre as tarefas contratadas pelo posteiro/agregado e sua família estavam a de cuidar do gado – contagem diária, chamar para o rodeio, vacinação, marcação, castração, ajuda na transferência do gado para fazendas maiores de propriedade do mesmo patrão.

Em relação a suas atribuições, o posteiro dividia-se entre as atividades pastoris e a agricultura e possuía uma forte dependência do estanceiro.

Em resumo, era considerado um trabalhador "complementar, já que não trabalhava diretamente em funções, como marcação, abate, rodeio", e o "fato de viver nas franjas da fazenda, sem contato diário com a sede/administração da estância, caracterizava-o como um peão solitário" (SILVA, A. O. da, 2010, p. 90-91).

Já no Centro-Oeste, interligando ao interior paulista e mineiro, um tipo trabalhador ganhou destaque na atividade pecuária: os peões de boiadeiros. Esses peões atuavam nas comitivas de comércio de gado, e, assim como no Nordeste, o aprendizado dava-se muitas vezes de maneira hereditária. Segundo observa Zancanari (2013, p. 56),

> Montado sob lombos de burros, nas andanças em comitivas, aparece o peão de boiadeiro que muito cedo aprendeu a lidar com o gado. Geralmente, seu primeiro contato com a comitiva ocorria por influência do próprio pai que já era peão de boiadeiro. Esse trabalho se transformaria no único meio de vida de muitos homens.

Nessa perspectiva, a condução de boiadas estava diretamente relacionada aos fluxos econômicos das regiões onde o gado era comercializado. Para a autora, os peões de boiadeiros tinham uma cultura própria, estavam ligados a laços de aprendizagens aos ambientes naturais que percorriam por meio das estradas boiadeiras, e que "contribuíram para o desenvolvimento cultural e socioeconômico da região sul matogrossense e noroeste paulista" (ZANCANARI, 2013, p. 15).

Em relação ao vaqueiro nordestino, as experiências e a cultura estavam atreladas ao ambiente, principalmente à formação vegetal da caatinga, que acabou por gerar a necessidade do uso de uma indumentária de couro, que passou a ser o principal elemento de identificação desse sujeito. Nas relações de trabalho, outra característica presente no ambiente pastoril nordestino diz respeito à forma de pagamento principal, que inicialmente consistia no sistema de *sortes* (o rendimento do vaqueiro incidia em um percentual dos animais nascidos em períodos variáveis de um a dois anos).

No recorte espacial desta pesquisa está presente a problematização do município de Morro do Chapéu, na Bahia, a partir do debate do sertão nordestino e da ideia de "outras Bahias", ou seja, dos diferentes espaços que compõem esse estado, comumente estudado unicamente a partir da hegemonia Salvador e Recôncavo. No recorte aqui proposto, a pecuária é o elemento indispensável para entender a dinâmica regional e suas ligações locais aos grandes centros. A partir desse ponto, pode-se entender a importância econômica dessa atividade.

Ademais, apresenta-se uma descrição da paisagem sertaneja de Morro do Chapéu a partir de documentos, de fontes bibliográficas e do conhecimento dos vaqueiros, cujo entendimento da geografia do local possibilita compreender a forma de criação do gado na região, além de oferecer uma visão detalhada que documentos gerais não contemplam. Entre os elementos analisados figuram estes: vegetação, regime de chuvas, locais possuidores de elementos estratégicos, como sal, aguadas, rios, fazendas relevantes e localidades importantes para a pecuária.

2. Quais relações existiam dos vaqueiros entre si e com a comunidade local? Quem eram esses trabalhadores? Como viviam? Como sua lida é passada aos seus herdeiros? Como eram representados? Essas questões nascem da ideia de que é impossível, ou mesmo incompleto, falar de um contexto histórico econômico, sem compreender seus principais sujeitos.

Seguindo os rastros da história, sabe-se que politicamente a base nacional, regional e local era o coronelismo. Em Morro do Chapéu, essa realidade foi protagonizada por figuras como Quintino Soares da Rocha, Francisco Dias Coelho, Antônio Souza Benta e Teotônio M. D. Filho, que tiveram seus nomes gravados na história local, em ruas, praças e monumentos — onde diversas escolas recebem seus nomes (FERREIRA, J. A. da S., 2014; LEITE, 2009; SAMPAIO, 2017). Mas e os esquecidos? Quais conhecimentos foram construídos sobre eles, como seus costumes impactaram na construção social? Como suas trajetórias são abordadas?

A problematização das experiências individuais e coletivas dos trabalhadores é a forma de melhor compreender os contextos culturais, sociais, políticos e econômicos nos quais estão inseridos. Para tanto, a visão de Edward Palmer Thompson da chamada "história vista de baixo", por meio do diálogo com os costumes e as relações sociais e de trabalho, que entende que o costume se processa pelo aprendizado do trabalho (THOMPSON, 2001) é indispensável a este debate. Assim, esta análise é importante para a compreensão de elementos como a lida dos vaqueiros, transmitida de geração a geração, o sistema de "sorte", a deferência ao fazendeiro.

Sobre esse assunto, cabe ressaltar que

> O aprendizado, como iniciação em habilitações dos adultos, não se restringe a sua expansão formal na manufatura, mas também serve como mecanismo de transmissão entre gerações. A criança faz seu aprendizado das tarefas caseiras junto à mãe ou avó, mais tarde (frequentemente) na condição de empregado doméstico ou agrícola [...] O mesmo acontece com os ofícios que não têm um aprendizado formal (THOMPSON, 1998, p. 17-18).

Um importante aspecto observado diz respeito ao fato de muitos trabalhadores no passado serem escravos, com diferentes funções e a possibilidade de acúmulo de bens, mais precisamente gado e animais de pequeno porte. Como afirma Francisco Carlos Teixeira da Silva (2002, p. 142),

> Vaqueiros, camaradas, cabras, e fábrica; passadores, tangedores e guias; negros, escravos e forros, caboclos quase todos; muitos mamelucos, formaram um universo próprio com dinâmica original e constitui-se em elementos de uma cultura rústica, que ainda hoje resiste a uma modernidade dissolvente.

Na tentativa de entender como ocorriam as relações sociais no ambiente pastoril, buscou-se compreender a representação dos vaqueiros da pecuária sertaneja, uma vez que a leitura de quem eram esses sujeitos foi baseada em visões memorialistas e literárias que acabaram por generalizar a chamada cultura vaqueira. Cristalização, romantização e rudeza foram os principais elementos na construção do arquétipo vaqueiro. Em outros momentos, são perceptíveis as ausências e os silêncios, principalmente acerca de suas origens étnicas.

Para tal discussão, empregou-se o entendimento de representação apresentado na obra de Stuart Hall, *Cultura e Representação*. Para o autor, a representação é a produção de significado mediado pela linguagem,

> Processo pelo qual membros de uma cultura usam a linguagem (amplamente definida como qualquer sistema que emprega signos, qualquer sistema significante) para produzir sentido. [...] Somos nós na sociedade, dentro das culturas humanas que fazemos as coisas terem sentido, que lhes damos significado. Sentidos, consequentemente, sempre mudarão de uma cultura ou período a outro (HALL, 2016, p. 108).

3. A questão da hereditariedade evidencia o fato de muitos vaqueiros serem negros. Como eles se declaram? Como as relações étnico-

raciais se processam? Alguns possuem essa identidade na alcunha — *Nêgo de Preto, Pepeu de Zé Preto* —, e seus nomes reais para os moradores locais são desconhecidos, mas parte de suas trajetórias não.

Todas essas questões são o cerne do segundo capítulo, que, em suma, busca responder quem eram e como viviam os trabalhadores da pecuária em Morro do Chapéu. Foi a investigação da memória com todas as suas complexidades que forneceu as pistas a serem apresentadas no capítulo. Durante a pesquisa, na fase do mapeamento dos caminhos de gado e de territórios chamados de "soltas" (pastos naturais utilizados na recria ou destoca de gado), constatou-se que entre os residentes conhecidos figuravam os nomes de Maria Vaqueira, *Pituxa* e Crispiana, mulheres que, segundo os relatos, tinham relação com a pecuária.

A partir dessa "descoberta", incluiu-se uma pergunta nas entrevistas: existiam mulheres na pecuária/vaqueiras? Um dos entrevistados, vaqueiro aposentado, Orlando Bernardes de Brito, morador da Comunidade Quilombola de Queimada Nova do município de Morro do Chapéu, respondeu afirmativamente, citando a sua mãe como inspiradora de sua profissão, além de Maria Vaqueira, viúva e dona das terras de "destoca" de gado no passado.

4. Essa narrativa evidencia o que passou a ser também um problema desta pesquisa: como eram as famílias sertanejas e qual o papel das mulheres na atividade pastoril? As mulheres encontradas são singularidades ou faziam parte ativamente desse contexto? Essas questões, difíceis de responder dada a escassez de fontes, foram os primeiros passos dados para compreender as relações familiares e de gênero na pecuária; questionar ou ressignificar o caráter de exclusividade masculino na lida com o gado. Essa discussão é desenvolvida no terceiro capítulo, que visa apresentar a trajetória dessas mulheres, entendidas pela história social como "mulheres do povo" (THOMPSON, 1998).

Caminhos, instrumentos e orientações

Esta pesquisa dá-se em razão da ausência de um enfoque sociocultural centrado na figura dos trabalhadores da pecuária em Morro do Chapéu (BA). Desse modo, embasado na visão historiográfica de Thompson em relação à "história vista de baixo", entende-se cultura como

> Um termo emaranhado que, ao reunir tantas atividades e atributos em um só feixe, pode na verdade confundir ou ocultar distinções que precisam ser feitas. Será necessário desfazer o feixe e examinar com mais cuidados seus componentes: ritos, modos simbólicos, os atributos culturais da hegemonia, a transmissão do costume de geração para geração e o desenvolvimento do costume sob formas historicamente específicas das relações sociais e de trabalho (THOMPSON, 1998, p. 22).

Trata-se, portanto, do enfoque da história social compreendida como uma abordagem problematizadora das categorias subalternas, cujas vozes foram até recentemente negligenciadas. Os vaqueiros, as suas origens étnico-raciais e os papéis desempenhados pelas mulheres na pecuária são exemplos de questões que só puderam ser estudadas a partir desse campo teórico metodológico.

Além disso, pode-se entender também que a cultura consiste em "um conjunto de diferentes recursos, em que há sempre uma troca entre o escrito e o oral, o dominante e o subordinado" (THOMPSON, 1998, p. 17). Dessa forma, a cultura vaqueira é o resultado de trocas de experiências e práticas em determinados processos históricos. Esses aspectos são discutidos a partir das leituras e interpretações dos discursos presentes nas fontes escritas e orais.

No que concerne à ocupação do sertão baseada na atividade pecuária, cabe mencionar que, durante o período colonial, essa atividade pode ser entendida como heterogenia, tanto pelas formas de posse e uso da terra como pela diversificação de mão de obra, entre elas a escravização indígena e negra (SILVA, F. C. T. da, 2002). O trabalho de Jackson André da Silva Ferreira (2014, p. 17) revela aspectos importantes da escravidão no município ora pesquisado, ao apresentar esta afirmação:

> O casal Rocha Soares era o maior escravista do local, razão pela qual não havia como estudar os laços de dependência a partir do casal sem analisar o relacionamento que tinha com os cativos. Além disso, muitos arrendatários eram ex-escravos ou seus descendentes.

Sem dúvidas, a pecuária era uma atividade importante nos domínios pesquisados pelo referido autor. Nesse sentido, ao fazer uma comparação de inventários de gado, é constatado que "o casal Rocha Soares possuía o maior rebanho de gado vacum, cavalar e muar/asininos do município"

(FERREIRA, J. A. da S., 2014, p. 103). Essa referência à pesquisa de Jackson André da Silva Ferreira (2014) é necessária para situar a questão escravista no município de Morro do Chapéu (BA), cujo contexto evidencia a relação entre pecuária, escravidão e, por conseguinte, formação de comunidades remanescentes quilombolas.

Em Morro do Chapéu existem, atualmente, seis comunidades remanescentes quilombolas reconhecidas pela Fundação Palmares[2]. Três dos vaqueiros identificados nesta pesquisa residem nas seguintes comunidades: Brejão da Gruta, Ouricuri II e Queimada Nova. Esse aspecto é o primeiro passo para discutir as relações étnico-raciais; e outro ponto diz respeito à genealogia e à hereditariedade da profissão, e, para tanto, a história oral é a base desta análise.

Como já mencionado, durante a prospecção das fontes orais, a lembrança da mulher apelidada de "Maria Vaqueira" suscitou uma dúvida. Qual o papel das mulheres na pecuária? A senhora Faraildes Oliveira Pinto afirmou o seguinte: *"naquela época nós sofríamos muito, pois precisávamos cozinhar para os homens que davam 'campo', e tratar os fatos das reses que eram abatidas"* (Entrevista preliminar, Faraildes Oliveira Pinto, 78 anos – filha de pecuarista e esposa de vaqueiro – 10 de novembro de 2019). E o que dizer de uma mulher que dava campo com seu marido? (Entrevista preliminar, Godofredo Simplício, 55 anos, 10 de dezembro de 2018). Era comum? Como ela era vista pela comunidade? Para responder a essas perguntas, buscou-se identificar as relações de gênero, compreendendo que o gênero

> [...] se torna inclusive uma maneira de indicar as construções sociais – a criação inteiramente social das ideias sobre os papéis próprios aos homens e às mulheres. O gênero sublinha também o aspecto relacional entre as mulheres e os homens, ou seja, que nenhuma compreensão de qualquer um dos dois pode existir através de um estudo que os considere totalmente em separado (SOIHET, 2011, p. 266-267).

Para atender às questões suscitadas, escolheu-se como metodologia a história oral, haja vista que ela reconhece que

> O uso sistemático do testemunho oral possibilita a história oral esclarecer trajetórias individuais, eventos ou processos que às vezes não tem como serem entendidos ou elucidados

---

[2] São as seguintes comunidades: Veredinha, Brejão da Gruta, Barra II, Queimada Nova, Velame e Ouricuri II (BRASIL, 2013).

> de outra forma: são depoimento de analfabetos, rebeldes, mulheres, crianças, miseráveis, prisioneiros, loucos... São histórias de movimentos sociais populares, de lutas cotidianas, encobertas ou esquecidas, de versões menosprezadas; essa característica permitiu inclusive que uma vertente da história oral se tenha constituído ligada à história dos excluídos (AMADO; FERREIRA, 2006, p. 14).

Assim, a abordagem oral possibilitou ainda a discussão sobre memória, pois,

> Ao privilegiar a análise dos excluídos, dos marginalizados e das minorias, a história oral ressaltou a importância de memórias subterrâneas que, como parte integrante das culturas minoritárias e dominadas, se opõem à "memória oficial", no caso a memória nacional. Num primeiro momento, essa abordagem faz da empatia com os grupos dominados estudados uma regra metodológica e reabilita a periferia e a marginalidade (POLLAK, 1989, p. 4).

Nesse sentido, no registro da memória individual, familiar e coletiva, foram entrevistados vaqueiros notórios residentes em diferentes localidades, inclusive quilombolas, para identificar, por meio de suas memórias, como era a vida daqueles que os antecederam, que lhes transferiram a profissão, uma vez que o ofício de vaqueiro é, na maioria das vezes, uma atividade hereditária, sendo a lida com o gado transmitida oralmente. Trata-se, portanto, de investigar de maneira indireta esse passado. Para tal intento, uma das principais dificuldades foi a separação do vivido e do contado, pois nas narrativas essas ações se misturam e formam a identidade dos sujeitos entrevistados.

No que concerne às fontes escritas, o Arquivo Público Municipal e o Acervo da Biblioteca Pública Municipal Carneiro Ribeiro forneceram importantes documentos (atas, registros de correspondências, registro de marcas de fogo e balancetes de receita municipal), além de documentos cedidos pelos familiares de Maria Vaqueira. Outra importante fonte utilizada foi o *Jornal Correio do Sertão*, fundado em 1917 por Honório de Souza Pereira, e atualmente gerido por seus familiares. Esse jornal teve seu acervo digitalizado pela Fundação Pedro Calmon, e pela continuidade das reportagens foi possível analisar a dinâmica da pecuária local relacionada a diferentes contextos históricos, como o da Grande Seca de 1932.

Por fim, corroborando a afirmação de Sidney Chalhoub (1990, p. 16) de que "o historiador, através de um esforço minucioso de decodificação e contextualização de documentos, pode chegar a descobrir a dimensão social do pensamento", espera-se que este trabalho seja uma pequena contribuição de cunho regional e local, visando dar visibilidade aos grupos e às categorias marginalizadas pela historiografia tradicional.

PECUÁRIA EM MORRO DO CHAPÉU: DIÁLOGOS HISTÓRICOS

A introdução da pecuária no Novo Mundo marcou profundamente as estratégias de controle e de exploração dos territórios conquistados, a partir do Século XVI. Em toda a América empregou-se meios para facilitar a ocupação dos territórios, e em muitos deles a criação de gado foi a atividade escolhida. No Brasil, a pecuária esteve presente em várias regiões e em diferentes períodos históricos e políticos, e para desempenhar a atividade pastoril foi construída uma rede de relações e vivências entre diferentes grupos sociais. Nesse cenário, a atividade pecuária praticada por muito tempo de maneira extensiva possuía uma dinâmica própria, e os sujeitos nela inseridos construíam e experimentavam uma cultura diversa, impregnada de significados e vivências. As relações de poder, portanto, eram múltiplas e complexas.

Os primeiros estudos no Brasil centraram-se no período entendido como de desbravamento, considerando a imensa dificuldade da atividade pecuária no século XVI, por isso as dinâmicas das trajetórias e experiências protagonizadas em diferentes contextos pelos trabalhadores da atividade pecuária são apresentadas de maneira incipiente e cristalizada. Dessa forma, argumenta-se que na historiografia tradicional não havia uma análise específica sobre a memória coletiva e individual do sertanejo, ao passo que a literatura celebrava de maneira *heroicizante* a chamada cultura vaqueira. Mas, para compor esse quadro, muitos elementos foram desconsiderados e/ou negligenciados. Felizmente, essa realidade tem mudado graças a muitos estudos consistentes desenvolvidos nos últimos anos, alguns dos quais são apresentados e discutidos mais adiante. Em resumo, a pretensão deste capítulo é, portanto, abordar o contexto da pecuária no município de Morro do Chapéu e traçar um panorama geral de seus aspectos históricos, culturais e econômicos nas primeiras décadas do século XX, articulado com as memórias dos seus trabalhadores, entendidos genericamente como vaqueiros.

1.1 Os sertões e a pecuária

Sabe-se que a pecuária foi decisiva na ocupação dos sertões da Bahia, bem como na ocupação de outras regiões do Brasil. Nesse viés, o estudo de Pedro Calmon sobre a Casa da Torre, entendida como uma poderosa família pioneira da pecuária no Brasil, chama atenção para esse fato. Segundo ele, os Dias D'Ávila promoveram

> [...] o povoamento dos altiplanos de Jacobina levou o gado do Itapicuru para o Médio São Francisco. Fez do boi o seu soldado. Os outros sertanistas se apossavam do país com os guerrilheiros; ele [Francisco Dias D'Ávila] o empalmou, com as suas boiadas. O rebanho arrastava o homem, atrás deste, a civilização. A terra ficava à mercê da colonização: Ele a inundou de gados, em marcha incessante para o interior. Aqueles animais levavam nas aspas as fronteiras da capitania. "Dilatavam-na" (CALMON, 1983, p. 41).

O gado foi transportado para a América Portuguesa, a partir de 1530, por Martim Afonso de Souza. Essa atividade funcionava como um meio auxiliar à atividade da lavoura canavieira. Porém, com o crescimento do rebanho e sua natural concorrência, foi preciso que o rei Dom Pedro II de Portugal (1648-1706), pelo Alvará de 27 de fevereiro de 1701, ordenasse o afastamento do gado do litoral, uma distância de seis léguas (36 km) (LINHARES, 2002, p. 112-113). Aliado a isso, o processo de interiorização teve como características a marcha do gado, que acabou por se tornar seu elemento impulsionador. De acordo com Capistrano de Abreu (1982, p. 131),

> [...] Queixavam-se os primeiros cronistas de andarem os contemporâneos arranhando a areia das costas como caranguejos, em vez de atirarem-se ao interior. Fazê-lo seria fácil em São Paulo, onde a caçada humana atraia e ocupava a atividade geral, na Amazônia toda cortada de rios caudalosos e desimpedidos, com preciosos produtos vegetais extraídos sem cultura. Nas outras zonas interiores o problema pedia solução diversa.
> A solução foi o gado vacum.
> O gado vacum dispensava a proximidade da praia, pois como as vítimas dos bandeirantes a si próprio transportava das maiores distâncias, e ainda com mais comodidade; dava-se bem nas regiões impróprias ao cultivo da cana. [...] Foi o gado acompanhando o curso do São Francisco. O povoado maior, a Bahia atraiu todo o da margem meridional, que para lá ia por um caminho paralelo à praia limitado pela linha dos vaus.

Dessa forma, os sertões foram conquistados por homens e gado e entendidos como local distante do litoral. De modo geral, pode-se afirmar que a pecuária não foi determinante em todas as regiões, pois houve a exploração das drogas do sertão e até mesmo a mineração. Porém, mesmo com essas últimas atividades, a pecuária desempenhava a importante função de abastecimento. Nessa perspectiva, Manoel Correia de Andrade destaca que a descoberta de "ouro nas Gerais e a formação de um grande adensamento populacional em áreas distantes do litoral trouxeram grandes vantagens para os criadores de gado do Sertão que passaram a abastecer os centros de mineração" (ANDRADE, 2002, p. 104).

Neste ponto, uma discussão se faz necessária. O que se entende por sertão ou sertões? Qual o significado do termo? Como ele foi construído? Como foi empregado? Qual sua relação com a pecuária? Sertão é um conceito construído histórica e culturalmente, é uma categoria social impregnada de múltiplos significados e contextos, e seu uso é discutido por diferentes autores, pois em diferentes épocas era empregado em situações e locais diversos. Seus significados podem ser semelhantes ou antagônicos, mas, é certo, não se pode pensar a pecuária sem entender esse conceito. Dentre tantos autores, Janaina Amado, Erivaldo Fagundes Neves e Capistrano de Abreu apresentam discussões relevantes à investigação desenvolvida por meio desta pesquisa.

Inicialmente, Amado (1995) problematiza o termo sertão como sendo uma construção portuguesa, que surgiu, provavelmente, por volta do século XII para designar as regiões distintas de Lisboa e, mais adiante, as regiões conquistadas por Portugal no além-mar. Essa designação transferida para a América Portuguesa abarca o sentido de divergência ao demarcar as regiões não conhecidas, desbravadas, para além do litoral. Essa história está impregnada de alteridade, do outro, do não conhecido, do selvagem, do não cristianizado, do que precisa ser conquistado. É nesse ponto que a pecuária se articula como o elemento facilitador dessa interiorização ou processo de conquista colonizadora (AMADO, 1995, p. 147). Assim, o emprego desse termo perpassa a questão histórico-geográfica e possui a notação cultural, sendo empregado na literatura como pertencente à memória coletiva e/ou como elemento demarcador de identidades, como nas expressões "cultura sertaneja", "meu sertão", "sertões baianos" — neste caso, associado ao interior visto com uma dinâmica própria, nostálgica, que contempla certa resistência à sua visão negativa.

Segundo Neves e Miguel (2007, p. 22-23), o sertão deve ser delineado como uma categoria polissêmica que possui uma diversidade de novos e velhos sentidos de natureza histórica, literária, espacial, social e cultural. Além da "alteridade negativa do litoral" e do

> [...] espaço vazio do imaginário colonial", o sertão converteu-se no lugar de cobiçadas aventuras na corrida do ouro e da prata, e também na região alvo do movimento que "promoveu maior demanda por terras para a pecuária (NEVES; MIGUEL, 2007, p. 22).

Para Abreu (1982), o sertão é o local onde se praticava a pecuária; um território de terras conquistadas e povoadas a partir da criação do gado, com as dificuldades da ocupação, a conquista dos rios e o povoamento em terras inóspitas, povoadas por indígenas bravios, os chamados tapuias. Sua definição contempla um sentido de ocupação, desbravamento. Nesse sentido, o povoamento e as demais práticas econômicas, como a mineração e a agricultura, relacionam-se à criação de gado, atividade cujo peso é tão decisivo que levou à criação do termo "civilização do couro" (ABREU, 1982, p. 133). Esse autor, portanto, estabelece uma profunda relação entre os conceitos de sertão e a pecuária.

Considerando as definições apresentadas anteriormente, esta pesquisa compreende a pecuária como uma atividade dinâmica, buscando-se entendê-la a partir das experiências dos seus sujeitos, a fim de, desse modo, descortinar a história do interior e tratar das diferentes regiões do estado da Bahia e de suas atividades econômicas que, por muito tempo, foram negligenciadas, pois a historiografia privilegiava a capital Salvador e o Recôncavo. Portanto, tem-se, aqui, a preocupação de reconhecer outros territórios além do litoral, visando conhecer as outras Bahias e os outros sertões, onde, sem dúvida, a atividade pastoril desenvolveu-se como peça fundamental. Especificamente, o sertão de que trata esta pesquisa está centralizado na região centro norte do interior baiano, onde a ocupação colonizadora ocorreu a partir de duas poderosas famílias de sesmeiros e curraleiros: os D'Ávila, que compunham a chamada Casa da Torre, e os Guedes de Brito.

Para a reocupação desse espaço, a montagem dos currais era um elemento facilitador e delimitador dos domínios. A relação e o pioneirismo dos D'Ávila com a pecuária são discutidos por vários autores, entre eles está Luiz Alberto Moniz Bandeira, que revela que o primeiro membro da família, Garcia D'Ávila, ao desembarcar no que viria a ser Salvador em 1549, junto com Tomé de Souza, o primeiro Governador-geral, e realizar serviços para a Coroa Portuguesa, recebeu do Governador algumas cabeças de gado sob o conceito de pagamento.

> Sob esta forma Garcia D'Ávila em 1550 ganhara, como homem de d'armas, 3.000 réis, que lhe eram devidos de seis meses, ou seja, 500 réis por mês de agosto de 1549 a janeiro de 1550. E em dezembro desse mesmo ano, a título de pagamento do soldo, ele recebeu duas vacas, o equivalente a 4.000 réis [...] Destarte, do gado vacum importado de Cabo Verde, bem como escravos e mudas de cana-de açúcar, Garcia D'Ávila, que fizera seus primeiros currais na península de Itapagipe, continuou a receber cada vez maiores quantidades e tratou de expandir sua criação (BANDEIRA, 2007, p. 124).

Dessa forma, entre outros fatores, o adentrar do gado possibilitou o povoamento e o surgimento de núcleos urbanos no interior da Bahia, a exemplo dos municípios de Jacobina e de Morro do Chapéu. Já os municípios de Feira de Santana e Serrinha, por exemplo, eram, a princípio, grandes feiras de gado (POPPINO, 1968, p. 18-53).

1.2 A pecuária em Morro do Chapéu

Delimitando o município de Morro do Chapéu na região da Chapada Diamantina, esse território teve seu percurso histórico voltado à mineração de carbonato, salitre, diamantes, tendo a pecuária como a primeira e mais duradoura atividade econômica e o principal fator de povoamento. O termo Chapada Diamantina é empregado em razão da delimitação geográfica e visando à compreensão do espaço diverso em vegetação e clima, por abranger rios perenes e pela inter-relação entre mineração e pecuária como atividades econômicas responsáveis pela reocupação[3] do espaço. No entanto, cabe ressaltar que durante o período pesquisado a noção identitária era de sertão ou sertões.

Sobre o tema, Gomes (1952, p. 234-235) apresenta a "Chapada Diamantina ou Planalto central da Bahia" como a região "mais elevada dos sertões baianos". Essa demarcação proposta pela autora inclui os limites do Rio São Francisco, desde o Xique-xique até barra do Paramirim; as nascentes no Pico das Almas, descendo pelo curso do Brumado até sua Barra no Rio de Contas; o Sincorá, até às nascentes do Rio Una, que desce até sua foz no Paraguaçú; deste até a barra do Rio Santo Antônio; e a foz do Rio Utinga, cujo curso segue até suas cabeceiras nas vizinhanças do Morro do Chapéu, prosseguindo para o norte para além das nascentes do Rio Jacuípe.

---

[3] Considera-se o termo reocupação mais adequado pela compreensão do processo de pré-conquista, conquista e diáspora dos povos indígenas nos sertões da Bahia.

A importância da pecuária e da mineração como fatores de repovoamento e desenvolvimento econômico em Morro do Chapéu, e como essas atividades se articulavam com o litoral e com outras regiões interioranas, pode ser demonstrada por estudos como o de Moiseis de Oliveira Sampaio, o qual contextualiza as relações políticas e socioeconômicas e desenvolve uma análise acerca do funcionamento da pecuária na região, além de apresentar informações sobre fazendas que tinham como base o pastoreio, dentre elas a Fazenda Gurgalha, identificada como origem da família do Coronel Francisco Dias Coelho, seu objeto de estudo.

Essa fazenda é também o cenário dos domínios do Casal Rocha Soares, estudado por Jackson André da Silva Ferreira, que destaca a pecuária como a principal atividade ali desenvolvida. A Fazenda Gameleira foi identificada como a primeira propriedade que deu origem à povoação de Morro do Chapéu, por memorialistas como Honório de Souza Pereira, informações reunidas em uma publicação feita por Honório de Souza Pereira Netto, em 1919, intitulada *Pequena Descripção do Morro do Chapeó*. Já as Fazendas Tapera, Santa Úrsula, Morro Velho, Jaboticaba e Veredinha aparecem em textos dos artigos e das seções do *Jornal Correio do Sertão*[4] como locais de maiores rebanhos e/ou de comércio de gado.

Os primeiros usos do termo sertão estavam associados ao interior, às terras afastadas do litoral, longínquas e inóspitas. Essa conceituação abarca uma variedade de vegetações e climas, e o mesmo acontece com a associação entre sertão como local relacionado ao bioma Caatinga, que é diverso, e à medida que as populações fixavam moradia, iam conhecendo e se relacionando com os diferentes ambientes e paisagens. Dessa forma, a acepção natural do termo sertão deve sempre estar contextualizada com a experiência dos diferentes sujeitos, a fim de evitar generalizações. Como ressalta Márcio Roberto Alves dos Santos (2017, p. 335-336),

> [...] uma rudimentar percepção do sertão como espaço natural. Realçam-se características naturais dos espaços sertanejos, no mais das vezes ligadas ao clima e ao solo. Duas leituras diferentes são encontráveis. Para uns os sertões são ásperos, agrestes, estéreis e secos. Em alguns casos a vegetação da caatinga é mencionada qualificando de uma maneira mais objetiva esse sertão sempre adjetivado. [...] Para outros o sertão é espaço natural abundante de terras férteis que escondem as almejadas jazidas de minerais preciosos.

---

[4] O *Jornal Correio do Sertão*, de Morro do Chapéu, foi fundado por Honório de Souza Pereira, em 15 de julho de 1917.

Vale destacar que a criação de gado desenvolvida nos sertões da Bahia, assim como no Nordeste, desde o Século XVII, tinha como característica sua forma extensiva, muito dependente dos recursos naturais. Nesse contexto, a figura dos vaqueiros e de seus ajudantes tornou-se, portanto, indispensável, acabando por moldar uma cultura vaqueira que dependia do conhecimento do espaço, vegetação, caminhos, climas e regime de chuvas — cultura proveniente da observação, da experiência dos mais velhos e da tradição oral.

No município de Morro do Chapéu estão presentes três climas/áreas principais: caatinga; área das matas e tabuleiros; pequenas áreas de transição conhecidas localmente como carrasco (ABREU, 1982, p. 46). Nessas áreas de transição, "a marcha" ou as transferências de rebanho estavam presentes na pecuária local, quer seja pela busca de pasto e água, na chamada "destoca", quer seja para as atividades de cria e recria[5]. Nesse sentido, muitos trabalhadores eram requisitados para diferentes funções, como passadores, boiadeiros e tangedores, o que demonstra o dinamismo da atividade pecuária praticada em toda a América, e que tinha papéis e características diferentes a depender da região. Em suma, muitas são as similaridades, mas também há diferenças marcantes.

É preciso enfatizar que não se tem aqui a pretensão de discutir tecnicamente os conceitos geográficos, mas sim descrever historicamente a paisagem sertaneja de Morro do Chapéu a partir de documentação, das fontes bibliográficas e da visão e conhecimento dos vaqueiros sobre a geografia do local de seu ofício. Registrar essa visão é de suma importância, pois sua interpretação detalha pontos que documentos escritos muitas vezes não conseguem contemplar.

Em entrevista realizada com o vaqueiro Orlando Brito, de 68 anos de idade, residente na comunidade remanescente quilombola de Queimada Nova, na região oeste do município de Morro do Chapéu, margeada pelo Rio Jacaré na Vereda Romão Gramacho, afluente do Rio São Francisco, área de caatinga com regime de chuvas entre outubro a abril e estiagem nos demais meses, ele afirma o seguinte: *"apesar de no tempo do pai, o gado pouco saía"* (Entrevista, Orlando Bernardes de Brito, 68 anos, 7 de janeiro de 2019).

Seu comentário enfatiza o papel do Rio Jacaré na Vereda Romão Gramacho como elemento demarcador das áreas de solta, e da sua fundamental importância para a criação, tanto que para *"campiar eles percorria mais é as aguada e o centro do campo"* (Entrevista, Orlando Bernardes de Brito, 68 anos, 7

---

[5] De maneira simplista, a *cria* correspondia ao rebanho local e a *recria* eram os negócios realizados com o gado transportado de outras regiões.

de janeiro de 2019). Em seu depoimento, as histórias contadas e a sua própria vivência aparecem misturadas. Nesse sentido, ele afirma que *"quando era o tempo de junta de gado para tirar pra fora que muitos criadores ritirava lá pra fora, pras matas, pra ritiro na época difícil"* (Entrevista, Orlando Bernardes de Brito, 68 anos, 7 de janeiro de 2019). Nota-se, nesse comentário, que a região entendida pelos moradores como caatinga se relaciona com aquelas em que durante o período chuvoso havia abundância de vegetação — o "tempo do verde". Na vegetação arbustiva e espinhosa, ou mesmo de matas mais altas, durante os meses que não chovia, de abril a setembro, identificada como "época difícil", as folhas caíam, os pastos secavam, a agricultura pausava e era preciso enviar o gado para as matas, locais mais no centro da chapada onde ocorriam as invernadas (chuvas entre maio e agosto).

Em outra entrevista, o senhor João da Silva Cruz, que se apresentou como João Vaqueiro, descreveu os caminhos que percorria entre o tabuleiro e as caatingas de Mata do Milho, hoje povoado do município de América Dourada. Ele aponta as diferenças entre as regiões a partir das pastagens naturais e da água, e, ao se referir à região para onde levava o gado durante as trovoadas, utiliza o termo *sertão*, lugar onde o gado bebia em "barreiros, com matas altas" diferente do carrasco:

> *O carrasco é diferente da caatinga... O carrasco é a região do Icó, Brejões, ali subindo para essa Fazenda Rochedo, é carrasco. Tabuleiro é aqui em Morro do Chapéu. [...] porque tem muitas madeiras diferentes, madeiras baixas né e tem muita madeira diferente aqui do tabuleiro [...] No carrasco tem o capim zabelê, o capim engordadô de vaca, muito conhecido, capim da natureza, capim zabelê, é carrasco [...] No tabuleiro é sempre capim favorito, capim amargoso, engordadô de vaca tamen,* só que é diferente, o tabuleiro. O tabuleiro é esses locais onde tem mais lajedo, areão, capão de mata aqui acolá (Entrevista, João da Silva Cruz – João Vaqueiro –, 60 anos, 1 de outubro de 2020).

O senhor João da Silva Cruz exerceu sua profissão em fazendas da localidade chamada Cercado, distante 18 km da sede do município de Morro do Chapéu, local que ele chama de "nosso lugar", ao referir-se à área de *tabuleiros*, com terrenos arenosos e rochedos e matas espaçadas, "água corrente, nascentes de água preta, água café, mais sadia que a água clara por ter um *travinho e excelente para dar fome e saúde e curar doenças nos pulmões*" (Entrevista, João da Silva Cruz – João Vaqueiro –, 60 anos, 1 de outubro de 2020). São as principais referências desse lugar em contraposição *"ao sertão dos rios que corriam só nas trovoadas e da água retirada dos barreiro*[6]" (Entrevista, João da Silva Cruz – João Vaqueiro –, 60 anos, 1 de outubro de 2020). A importância dada à presença de água como elemento demarcador está relacionada à sua atuação como vaqueiro, uma vez que quanto mais água a área possuía, menos disperso era o rebanho. A fertilidade do solo da caatinga garantia bons pastos naturais, mas só podiam ser aproveitados nos meses de chuva, durante os quais era preciso armazenar a água indispensável para a criação.

Morro do Chapéu atualmente possui uma área de 5744,969 km² (IBGE, 2010), na qual se condensam diferentes regiões (caatinga; área das matas e tabuleiros; carrasco). Vale ressaltar que, no início do século XX, o município era ainda maior, uma vez que os atuais municípios de América Dourada, Irecê, Canarana, Mulungu do Morro, João Dourado, Utinga, Cafarnaum e Bonito não haviam sido desmembrados.

Figura 1 – Mapa sobre a evolução política e administrativa do município de Morro do Chapéu (BA)

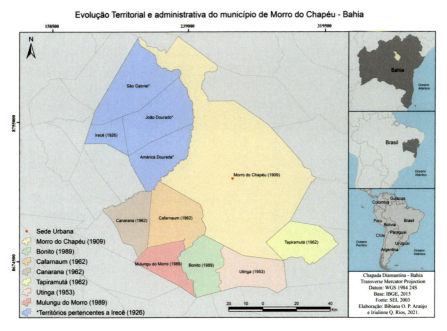

Fonte: Compilado por Bibiana Oliveira Pinto Araújo e confeccionado por Irialine Q. Rios, com base nos dados da SEI (Superintendência de Estudos Econômicos e Sociais da Bahia), 2003

---

[6] Aberturas escavadas para juntar água das chuvas.

Entre os moradores locais, duas áreas são antagônicas, *os taboleiros, as matas e as caatingas*. Essas expressões são percebidas tanto na oralidade como nas notícias, como na imagem de jornal apresentada a seguir:

Figura 2 – Uso da expressão caatingas no *Jornal Correio do Sertão*

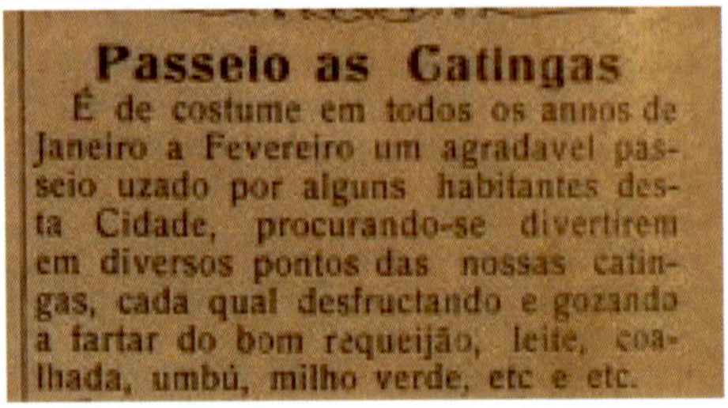

Passeio as Catingas

É de costume em todos os annos de Janeiro a Fevereiro um agradavel passeio uzado por alguns habitantes desta Cidade, procurando-se divertirem em diversos pontos das nossas catingas, cada qual desfructando e gozando a fartar do bom requeijão, leite, coalhada, umbú, milho verde, etc e etc.

Fonte: *Jornal Correio do Sertão*, Edição 34, 3 mar. 1918

A delimitação do espaço pesquisado é uma tarefa difícil, uma vez que os documentos utilizados entre 1905 e 1940 dizem respeito ao município como um todo naquele período. Nesse intervalo, apenas os municípios de Wagner, em 1906, e de Irecê, em 1926, foram desmembrados (SEI, 2003). Entretanto, posteriormente, essas demarcações são restringidas aos limites do município, onde se encontram os Rios Jacuípe e Salitre até a região às margens dos Rios Jacaré (que contempla atualmente parte dos municípios de América Dourada e Cafarnaum).

É possível perceber, a partir da leitura do *Jornal Correio do Sertão* e das entrevistas realizadas, que a pecuária em Morro do Chapéu possuía duas finalidades que se entrelaçavam: a de cria, entendida como aquela destinada ao abastecimento interno, com fazendas e rebanhos menores e permanentes e comércio regional; e a de recria, que era a modalidade em que o gado, transportado de Goiás, Piauí e Maranhão, era solto nos *taboleiros* para engorda, a fim de serem negociados e destinados aos mercados finais. Morro do Chapéu era, portanto, um ponto de parada, de engorda e de comércio de gado (JORNAL CORREIO DO SERTÃO, Edição 110, 17 de agosto de 1919). Pelo quantitativo de cabeças oriundas da recria, considerando-se as notícias sobre o "Comércio de gado", publicadas no referido jornal, essa modalidade teve maior destaque até meados de 1935. Nesse sentido,

> A criação não era o setor mais importante nos negócios do gado. Segundo afirmou Honório, Morro do Chapéu se notabilizava por ser uma das principais vias de passagens do gado vacum, terras de pastagem e descanso das boiadas criadas

> nas fazendas baianas próximas e além do rio São Francisco e em outras províncias. Salvador era seu principal mercado consumidor. Diferentes fontes apresentam a dinâmica da produção e do comércio do gado. Criação e recria se assemelhavam em vários sentidos, pois tanto o gado criado quanto o comprado para engorda pastavam nas grandes largas ou soltas morrenses (FERREIRA, J. A. da S., 2014, p. 49).

Com base no Parecer sobre as "Carnes Verdes", de 27 de fevereiro de 1865, várias informações sobre a qualidade da carne no mercado podem ser encontradas. Segundo Ferreira (2014, p. 50), "Morro do Chapéu e as outras vilas da Comarca de Jacobina figuravam como áreas de recria muitos anos antes do parecer da comissão. Antonil, no século XVIII, já identificava os sertões das Jacobinas como área de recria".

Durante o período pesquisado (1905 a 1940), a atividade de recria ainda estava presente em Morro do Chapéu. Sobre o tema, Sampaio (2017, p. 135) esclarece que,

> Diferente de alguns lugares da América, onde os animais eram mais caçados que criados (SLATTA, 1992), o gado no sertão da Diamantina era efetivamente criado, exigindo do vaqueiro, habilidade e conhecimento tanto da técnica de criação do animal quanto da região. Essa parte da Bahia era uma área de recria e engorda principalmente, isso significa dizer que a maior parte dos animais da Chapada não eram originários da região, e, devido às condições climáticas, a vegetação se exauria exigindo dos tratadores que procurassem novas pastagens à medida que a estação das secas atingia o seu rigor máximo, e isso significava também passar mais tempo fora de casa (SAMPAIO, 2017, p. 135).

A 10ª e a 11ª edições, respectivamente, de 16 e de 23 de setembro de 1917, do *Jornal Correio do Sertão*, apresentam, por meio do artigo "Os nossos produtos, sua cultura e sua extração", uma descrição do potencial econômico do município, destacando, entre várias atividades, a agricultura, com ênfase no algodão, a mineração de diamantes, carbonato e salitre e a pecuária local — tratada como ineficiente e ainda no ramo da recria. A seguir, um fragmento do mencionado artigo:

> A indústria pecuária era atrasadíssima em nosso meio, não offerecendo nenhum elemento de garantia aos creadores, a falta de competencia dos zeladores, ou vaqueiros; basta que é quasi na sua totalidade entregue a classe a analphabeta, que suppões ser somente necessario metter-se dentro de um uniforme de couro escarrancharem-se sobre um animal

> e andar vagando dias e dias inteiros sem o menor elemento de consciencia no que deve fazer, dando por isso causa de grandes prejuísos nos productos annoaes.
> Se fossem melhor instruidos, usando os meios que são empregados para a creação nos Estados Unidos do Norte, ou mesmo dos nossos estados do Sul e orientaes, não ha duvida que as vantagens seriam outras.
> Ainda temos em desabono, a este ramo, a solta de muitos mil bois annoaes, de todas as procedencias, como seja de Minas, Goyaz, Piauhy e muitos outros logaes; ora, estes gados chegando infectuosos, tende a contaminar todo o pasto, e d'ahi grandes prejuisos causados na nossa já diminuta creação (JORNAL CORREIO DO SERTÃO, Edição 11, 23 de setembro de 1917, s/p).

Com base nesse excerto, a transferência do gado de outros estados é vista com desconfiança, considerada como fator negativo e de baixa produtividade. Mas em outros momentos, esse comércio é identificado como fator de riqueza e prosperidade local. Como exemplo de reportagens do *Jornal Correio do Sertão* sobre a demanda da política local pela construção de um ramal da estrada de Ferro, até então orçada para chegar até o distrito de França, a edição 97, de 18 de maio de 1919, apresenta a reportagem "Morro do Chapéu, sua riqueza e necessidade de transporte", na qual enaltece a riqueza regional, a capacidade dos moradores, a presença de mineração e a "importação de gado de Goyaz e Piauhi" como fatores de desenvolvimento que justificam a necessidade da estrada de Ferro para o município (JORNAL CORREIO DO SERTÃO, Edição 97, 18 de maio de 1919).

A edição 110 do mesmo ano apresenta a transição de um Ofício do Conselho Municipal, de 16 de julho de 1919, para o Ministro da Viação, com esse mesmo objetivo. Nesse texto, a pecuária local é assim descrita:

> [...] Dispõe de mais de trezentas fazendas de criação, com uma soam de cerca de 40.000 cabeças vaccum, 15.000 cavallar, 60.000 caprinos e lanigeros e 20.000 suinos. [...]
> Além do exposto o Morro do Chapeo é o mercado de gado "magro", que vem dos Estados de Goyaz, Piauhy e Maranhão, que vão recolhidos aos pastos de engorda deste Municipio e visinhos, para então seguirem com dificuldade para o mercado.
> Chegando-se com a estrada até esta Cidade e depois, prolongando-a até a cidade da Barra no alto S. Francisco, está resolvido o commercio de gado no Estado, dando lugar a capital da Bahia, se tornar uma das principaes cidades do

> mundo, pois tem de aproveitar tudo o que se perde neste alto sertão, e incrementar toda a riqueza deste grande centro (JORNAL CORREIO DO SERTÃO, Edição 110, 16 de julho de 1919, s/p).

Essa mesma solicitação foi publicada na edição 55 do jornal *O Lidador*, de Jacobina, que continha um ofício do então prefeito municipal doutor Reinaldo Moreira, com data de 10 de setembro de 1934, informando que o primeiro pedido fora feito ainda em 1910. O texto faz referência ao potencial econômico do município, que possui "ótimos campos de pastagens para a criação de gado cavalar, muar, caprino e vacum, podendo, pela amenidade do clima, adaptar-se a *creação* de raças finas deste ultimo" (JORNAL O LIDADOR, número 55, 21 de setembro de 1934, s/p, grifo meu). Nesse contexto, a Estrada de Ferro é vista como uma forma de potencializar a economia da região do São Francisco, mas entendia-se que certo grau de desenvolvimento era necessário, e, para tanto, entre as informações citadas estão dados demográficos e números referentes a casas comerciais.

Nota-se, portanto, que mesmo conhecendo o potencial econômico da região do São Francisco, para diferentes atividades, incluindo a pecuária, as dificuldades de escoamento eram perceptíveis e vistas como obstáculo de desenvolvimento. Sobre essa questão, Sampaio (2017, p. 129) aponta "a situação privilegiada, por se situar no centro da maioria das rotas comerciais do sertão da Bahia", e salienta que, apesar da "autonomia política que viria acontecer na segunda metade do século XIX, a vida cotidiana da Chapada continuava a ser rural e baseada nas fazendas". Observa-se, por conseguinte, que as autoridades locais, ainda no século XX, tentavam incrementar a urbanidade e o comércio adotando o ramal da estrada de ferro como símbolo de progresso.

Na coluna "Comércio de gado", do *Jornal Correio do Sertão*, publicada entre os meses de fevereiro e dezembro, são indicados os números e os locais de saída de animais que ficavam nos tabuleiros, que eram comercializados e levados principalmente para Mundo Novo, Jacobina e Feira de Santana. Ainda eram publicadas as presenças dos boiadeiros de outras localidades dispostos a fazer negócios, preços médios pagos por arroba, ou por animais de 7 a 10 arrobas (sobre esse item, são apresentadas negociações nas fazendas Tapera, Veredinha e Santa Úrsula), comparações com outras praças de comércio e problemas enfrentados pela atividade (recria).

A tabela a seguir mostra o quantitativo de animais soltos nos tabuleiros, tendo como base as informações da referida coluna. Destaca-se, inicialmente, que, apesar da coluna aparecer a partir de fevereiro com notícias da safra do ano anterior, o gado, segundo essa mesma coluna, chegava entre os meses de abril e setembro.

Tabela 1 – Gado solto nos *taboleiros* de Morro do Chapéu

Ano	Edição Datas	Preço médio (réis) por arroba (P/A) ou por cabeça (P/C)	Cabeças de gado soltos nos *taboleiros*
1917	01 – 15/07	Sem inf.	Sem inf.
1918	39- 07/04	70 a 80$000 (P/C)	7.000
1919	118- 12/10	70 a 100$000(P/C)	7.500
1920	153-13/06 156-04/07	90 a 107$000(P/C)	7.300 número aprox.
1921	210 - 15/07	73 a 88$000(P/C)	10.000
1922	258- 18/06	56 a 80$000(P/C)	5000
1923	315- 22/07	64 a 88$000(P/C)	10000
1924	363- 22/06	92$000(P/C)	Sem inf.
1925	403 - 12/07	125 a 158$000 (P/C)	6000
1926	444- 25/07	Sem inf.	3000
1927	493- 31/07	92 a 100$000 (P/C)	3970
1928	519- 29/01	11 a 12$000(P/A)	Sem inf.
1929	292- 23/06	10 a 18$000(P/A)	Sem inf.
1930	639- 18/05	98 a 99$000(P/C)	300
1931	Sem inf.	Sem inf.	Sem inf.
1932	735- 20/03	8$000 (P/A)	Sem inf.
1933	812- 10/09	70$000(P/C)	600
1934	853- 24/06	8 a 9$000(P/A)	800
1935	906- 30/06	Sem inf.	Sem inf.
1936	Sem inf.	Sem inf.	Sem inf.
1937	1010 -7/07	17 a 19$000(P/A)	Sem inf.
1938	Sem inf.	Sem inf.	Sem inf.
1939	Sem inf.	Sem inf.	Sem inf.
1940	Sem inf.	Sem inf.	Sem inf.

Fonte: *Jornal Correio do Sertão* (1917 – 1940)

O ano de 1917 é a data de início do jornal, por isso não há dados referentes aos anos anteriores. Nesse ano, a primeira e a segunda edições apresentam informações sobre o gado sem expressar os locais e o quantitativo. Em uma primeira verificação, é possível perceber um maior volume até 1925, um decréscimo até 1935, data inclusive de uma edição que informa o encerramento desse comércio, e os anos posteriores com pouca ou nenhuma informação. Sobre esse comércio e a pecuária como um todo, esses números serão analisados a fim de se perceber a dinâmica econômica, relacionando-a a outras informações do próprio jornal.

Entende-se, inicialmente, que essas informações se referem à recria, uma vez que mostram os animais transportados para a região e os negócios realizados. Para entender a modalidade de cria, são utilizadas outras matérias do jornal, bem como documentos oriundos do Arquivo Público Municipal. As fontes no geral indicam três fases na pecuária: uma de incremento (1905 a 1925); um período de crise, aliado a temporadas de estiagem (1926 a 1933); e um período de recuperação pós-seca (1934 a 1940).

Tratando especificamente dos dados obtidos com as edições do jornal, tendo como ponto de destaque o "Comércio de gado", é possível identificar que nesses anos muitos são os anúncios de compra e venda de *carbonato* e diamantes, além da presença de agências de comércio e mineração, que tinham como correspondentes o Coronel Dias Coelho e, após sua morte, Gabriel Ribeiro dos Santos, procurador da viúva. Muitas são as notícias de descoberta ou procura de garimpos, e as notícias sobre a pecuária são abundantes, aparecendo com maior frequência na referida coluna.

Outras matérias dizem respeito à "Guerra Europeia" e às notícias sobre a extração de salitre. Nesse período, o município vivenciou uma nova época de prosperidade, iniciada em 1905. Outros dados otimistas informam sobre o comércio de algodão na região das caatingas, principalmente no distrito das Caraíbas, atual Irecê.

Cabe destacar que o estabelecimento da pecuária no sertão ocorreu como necessidade de abastecimento dos centros mais populosos, e essa função decorrente do período inicial de desbravamento se estendeu por vários séculos. No período colonial, essas áreas correspondiam às pertencentes à lavoura canavieira. À medida que a mineração se desenvolvia, e com o natural deslocamento populacional, a carne passou a ser destinada também aos centros de mineração nos sertões. A esse respeito, as pesquisas de Sampaio (2017), ao contextualizar a região, oferecem análises que podem ajudar a entender esse período e as relações entre mineração e pecuária na região.

A existência de rios, a pluviosidade e a presença de pastos naturais são elementos destacados por Sampaio (2017) como facilitadores da atividade criatória na Chapada Diamantina. Entre o século XVIII e mais expressivamente no século XIX, a mineração passou a existir junto à atividade pecuária. Os fluxos internos e externos da exploração de diamante e a extração do carbonato, aliados à crescente demanda internacional na segunda fase da Revolução Industrial, promoveu uma diversificação das atividades econômicas na região, dinamizando a estrutura política e social e reorientando os caminhos e destinos comerciais dos produtos animais (SAMPAIO, 2017, p. 100-101).

Pesquisas como as de Sampaio (2017) indicam que a região de Morro do Chapéu funcionava como centro de engorda e de negócios de gado. Nessa atividade, os fluxos de riqueza são mais estáveis, e, com o ingresso da mineração, essa estrutura tende a dinamizar as relações de poder, ao ponto de um homem negro descendente de escravizados tornar-se um importante membro da elite, com poder político e econômico advindo principalmente das atividades comerciais ligadas à mineração. Em Morro do Chapéu, durante o período pesquisado (1905 a 1940), os principais produtos minerados em maior ou menor escala eram estes: salitre, diamante e *carbonato*. Sendo que esses dois últimos, pela abundância e procura no mercado, tiveram maior destaque, uma vez que

> O comércio de diamantes e carbonato da Chapada atingiu seu auge em 1905, segundo o Diário de Notícias, o valor do carbonato era de 70$000 por grama, enquanto que o gado vacum era de 30$000 por cabeça. Uma grama de carbonato equivalia a quase duas cabeças e meia de gado bovino (SAMPAIO, 2017, p. 160).

O carbonado ou *carbonato* (como é chamado localmente) é um minério que tem a mesma constituição molecular do diamante, mas é fosco, não possui brilho e, por isso, não tinha valor comercial até a segunda metade do século XIX. Em 1870, com o estudo de suas propriedades, passou a ser utilizado em escala industrial na perfuratriz a vapor, tecnologia que antes usava o diamante, o que encarecia o processo (SAMPAIO, 2017). A partir daí,

> [...] o auge do consumo de carbonatos se deu com o metrô de Paris, inaugurado em 1900, com o metrô de Berlim, em 1902, e, com abertura do Canal do Panamá, em 1905. Nesse meio tempo, grandes construções internacionais reforçaram a necessidade crescente do carbonato. A partir do fim da

primeira década do século XX, o carbonato passou a ser utilizado também na indústria mecânica para usinagem e polimento de peças (SAMPAIO, 2017, p. 159).

Dessa forma, nota-se que, com o incremento da mineração, principalmente de diamantes, a pecuária ganhou impulso e também novas feições, deixando de ser a única fonte de riqueza, podendo ser um fator de investimento de lucros obtidos com o comércio internacional. Bons exemplos disso são os registros de marca de fogo do Coronel Dias Coelho, em 22 de agosto de 1911, que tinha como atividade principal o comércio de diamantes e de *carbonato*, de seu filho, o médico Deusdeth Dias Coelho, em 1919, ou do engenheiro Edgard Viana Bandeira, em 1922 (BIBLIOTECA PÚBLICA MUNICIPAL CARNEIRO RIBEIRO. Livro de registro de marcas de fogo, 1910 a 1922).

No centro da área de mineração está o Ventura, distante 12 km da sede de Morro do Chapéu, povoado elevado a distrito pela Lei Estadual n.º 680, de 27 de agosto de 1906 (JORNAL CORREIO DO SERTÃO, Edição 208, 3 de julho de 1921), mas cujo povoamento remonta ao século XIX, com a descoberta de diamantes. Depois de um período de crise, apresentou uma fase de expansão a partir de 1860, com a exploração, principalmente, de *carbonato*. De modo geral, foi um local de riqueza e prosperidade, advindas da atividade mineradora. Os balancetes existentes nos livros caixa de 1912 a 1915 (ARQUIVO PÚBLICO MUNICIPAL. Livro de receitas, 1912 a 1914) apontam assim os valores das receitas anuais (contos de réis):

Tabela 2 – Balancete Anual – Distrito sede/Ventura

Ano:	1912	1913	1914
Sede	4:769$940	3:905$240	2:834$450
Ventura	8:194$640	6:889$170	4:433$950

Fonte: Arquivo Público Municipal. Livro de receitas, 1912 a 1914

É possível perceber uma maior arrecadação do distrito em relação à sede. O balancete anual é a soma mensal das receitas oriundas de impostos sobre diferentes atividades. Entre as de interesse para o tema estão o matadouro, a exportação, as licenças e a ocupação do solo. Ao observar os dados mensalmente, pode-se perceber que as maiores disparidades ocorreram no matadouro e na exportação. Tomando como exemplo o mês de janeiro de 1912, os impostos sobre o matadouro foram 60$000, na sede, e 300$000, no Ventura; em 1913 foram 42$000, na sede, e 299$000, no Ventura; e em 1913 foram 39$000, na sede, e 180$000, no Ventura. Com esses dados é possível inferir que a atividade pecuária era favorecida pela mineração ao relacioná-la à questão do abastecimento (ARQUIVO PÚBLICO MUNICIPAL. Livro de receitas, 1912 a 1914). Segundo Gilmar Novaes, memorialista e estudioso local, *"no tempo do Ventura, dizem, chegava a se matar 80 bois por semana, era o lugar mesmo de consumo de carne"* (Entrevista, Gilmar Novaes, 12 de outubro de 2020).

No caso da exportação, é possível identificar uma drástica queda da arrecadação em 1914. Ainda tomando como base os meses de janeiro, os números indicam que a exportação foi o item com maior queda. Na sede e em Ventura foram registrados, respectivamente, em 1912, 49$500 e 15$000; e, em 1913, 94$800 e 8$400; e, finalmente, em 1914, 2$800 e 4$000. O contexto do fim da *Belle Époque* europeia e os preparativos para uma economia de guerra podem explicar essa discrepância[7]. Uma análise mais aprofundada requereria dados populacionais do período, bem como dados de anos anteriores e posteriores para efeito de comparação, o que até o momento não foi possível realizar.

Nesse intervalo, entendido aqui como de prosperidade, alguns aspectos se destacam: em 1922 é noticiada no *Jornal Correio do Sertão* a falta de chuvas, as notícias e as publicidades relativas ao *carbonato* diminuem, a exemplo de um anúncio de compra de *carbonato* por Francisco Gonçalves de Matos publicada em quase todas as edições desde 1918, em 1921 aparece nas cinco primeiras edições e no ano de 1922 deixa de ser publicado, e em 1924 a coluna "Comércio de gado" só aparece em duas edições. Mas em nenhuma delas o número de reses é informado, apesar de ser registrada a chegada de pouco gado do "Alto Sertão", além das notícias sobre a seca na região. Vale indicar, no entanto, que alguns exemplares não foram localizados.

Os dados sobre as receitas municipais indicam a importância da pecuária, como já mencionado. Os impostos cobrados sobre o matadouro aparecem sempre como o maior valor arrecadado. Entre os itens cobrados, existe ainda o de "ocupação de solo", destinado tanto à agricultura quanto à pecuária. A partir do ano de 1921, o *Jornal Correio do Sertão* passou a publicar o "Lançamento Municipal", com informações relativas aos impostos das áreas de fazendas, áreas de soltas e pastos, classificados da seguinte maneira: Pastos, 1ª, 2ª e 3ª classes, sendo os valores cobrados, respectivamente, 20$000, 10$000 e 5$000. Já nas áreas de soltas, o valor cobrado

---

[7] Para uma melhor compreensão desse contexto econômico internacional, ver Hobsbawm (2018).

era de 10$000, o mesmo que padarias, saboaria e compras de *carbonatos*. Referente ao ano de 1922 foram encontradas cobranças de pastos de 4ª e 5ª classes. Às fazendas, por sua vez, de 1ª, 2ª e 3ª classes eram cobrados, respectivamente, 10$000, 5$000 e 2$000 (JORNAL CORREIO DO SERTÃO, Edição 136, 29 de fevereiro de 1920; 141, 21 de março de 1920; 143, 4 de abril de 1920; 247, 2 de abril de 1922).

No ano de 1926, identificado como o início do período de crise, com base na análise do jornal local, foram registradas diversas tensões políticas e sociais. As disputas políticas dizem respeito ao acirramento das divergências dos membros da família Dourados, grupo opositor do partido liderado desde fins do século XIX pelo Coronel Dias Coelho. Segundo Sampaio (2017), os partidos políticos não eram representativos enquanto ideologias, mas grupos formados por interesses individuais ou comuns, ligados a lideranças que possuíam poder e nome. A ascensão do grupo político de Dias Coelho representa a transformação econômica advinda da mineração, uma vez que as elites compostas por senhores de terras e gado foram substituídas por uma nova elite formada principalmente por negociantes da mineração, muitos deles como Dias Coelho e o Coronel Souza Benta, negros e mestiços (SAMPAIO, 2017, p. 165-218). Nesse cenário, o grupo formado pelos antigos fazendeiros perdeu forças, mas, na década de 1920, as divergências acirraram-se sob a liderança do Coronel Teotônio Marques Dourado, que, no contexto da Primeira República, com eleições conturbadas, teve como desfecho o desmembramento, em 1926, do distrito de Caraybas, atual Irecê.

Houve, então, investidas e ofensivas contra os "revoltosos e revoltantes". Cabe esclarecer que revoltosos era o termo genérico utilizado para designar diferentes grupos contestatórios que surgiram na Bahia a partir de 1925, desencadeados pela Coluna Prestes. O uso do termo revoltantes, possivelmente, pode evidenciar que o autor percebia a existência de diferentes movimentos e conflitos apontados como prejudiciais ao comércio de gado:

> Com o triste movimento dos revoltosos e revoltantes pelo sertão da Bahia, o commercio de gado este anno em nosso município, tem sido bastantemente prejudicado.
> Nos outros anos, neste tempo, os taboleiros já estavam cheios de gado exposto a venda e agora, sabemos ter chegado somente tres ou quatro boiadas pequenas e ja contractadas.
> Calcula-se a safra deste anno em trez mil bois, quando nos outros anos, sempre foi de oito a dez mil.
> [...]

> Vae ser um serviço bonito na combinação dos preços, resultando por fim, grande carestia na carne para os pobres consumidores especialmente no fim do corrente anno (JORNAL CORREIO DO SERTÃO, Edição 444, 25 de julho de 1926, s/p).

Com esse cenário de crise, o quilo de carne de gado chegou a ser comercializado na feira livre a 2$000 (dois mil réis) — alta de preço iniciada no final de 1924, segundo o *Jornal Correio do Sertão*. Para fins comparativos, em 1927 o preço variou entre 1$300 e 1$600. Nesse contexto, o comércio de gado relativo à recria sofreu uma expressiva baixa, conforme Tabela 1, decaindo para uma média de 3000 animais. A explicação dada em 1928 foi a seguinte: "tem estado paralisado o commercio de gado boiadeiro deste município, não tendo havido ultimamente negocio de especie alguma, devido a falta de chuva nas pastagens das mattas" (JORNAL CORREIO DO SERTÃO, Edição 543, 15 de julho de 1928).

Em 1929, diversas reportagens demonstraram esse contexto de crise. A edição 572 de 3 de fevereiro de 1929 apresenta, por meio do artigo "A falta de equidade na Lei Orçamentária do Estado, contra os commerciantes de gado", pesadas críticas a um novo imposto estadual. Trata-se do Registro Comercial para todos os ramos de negócio, incluindo a solta e a engorda de bois, no valor de 100$000 para o número de 1 a 200 bois, o que o texto considera uma "falta de equidade na Lei Orçamentária". A seca, o desemprego, a pouca atenção dos governantes com os constantes aumentos de impostos e o êxodo rural apontado como consequência são os assuntos abordados no artigo "De mal a peior", da edição 581, de 7 de abril de 1929. Nessa mesma edição há, ainda, uma descrição sobre o estado da mineração: "os garimpos deste município não compensam os trabalhos do povo que nelle se preocupa...". O texto explica esse quadro citando como exemplos a pouca procura pelo minério, e as exigências sobre o produto, e a pouca renda obtida pelo garimpeiro (JORNAL CORREIO DO SERTÃO, Edição 581, 7 de abril de 1929).

Sobre a seca, o ano de 1932 está presente na memória coletiva como um dos anos de grande seca. Todos os vaqueiros entrevistados relataram histórias contadas por seus pais, histórias de penúria, dificuldades da lida e sacrifícios para manter o rebanho vivo. No jornal, esses períodos de seca aparecem esporadicamente, mas entre os anos de 1930 e 1933 o tema é mais recorrente. Dessa forma, argumenta-se que a seca teve um apogeu entre 1932 e 1933, mas, desde o final da década de 1920, o município já experimentava problemas econômicos e sociais (com a diminuição das exportações), que se agravaram com a estiagem. Os números do gado relativos à recria caíram drasticamente, e a seca foi apontada como motivo para o fraco desempenho.

Quando perguntados sobre os desafios do pastoreio, os vaqueiros, tanto os residentes próximos à sede como os residentes nas áreas "das caatingas", apontam a falta de chuvas como maior problema enfrentado. Na região oeste do município, a falta de água nos períodos de estiagem era o maior desafio para a população, pois era muito comum os fazendeiros locais possuírem fazendas no centro da Chapada (das matas e *taboleiros*) e nas áreas de caatingas. Nesse cenário, o gado circulava por essas paisagens, mas quando as chuvas tardavam ou eram mais irregulares, os problemas de falta de água e de pastos deveriam ser solucionados pelos vaqueiros. Por conta dessa dinâmica, a grande seca de 1932 provocou muitos prejuízos não só para a modalidade de recria, mas também para os criadores locais.

Os números obtidos no *Jornal Correio do Sertão* ilustram parte dos prejuízos causados pelas estiagens. Para tanto, foram comparadas as edições dos anos de 1929 a 1933. A primeira comparação diz respeito ao preço da carne de sol (método de conservação da carne bovina que consiste na salga e secagem, em local coberto e bem ventilado), que teve as seguintes variações de preço, segundo a coluna "Revista mercantil". Os dados apresentados nessa coluna foram utilizados para a confecção da tabela a seguir, que exibe o demonstrativo dos produtos e valores comercializados na feira livre:

Tabela 3 – Preço do quilo da carne entre 1929 e 1933

Ano	Variação preço mínimo e máximo (em réis)
1929	2$000 a 3$000
1930	1$600 a 2$500
1931	1$400 a 2$000
1932	1$000 a 1$600
1933	$900 a 1$200

Fonte: *Jornal Correio do Sertão* (1929 – 1933)

O exame sobre os preços dos diferentes produtos comercializados na feira demonstrou que houve acréscimo na maioria deles, o que gerava informes de protestos diante da situação de calamidade, principalmente em fins de 1932 e 1933. No caso da carne, os números indicam uma queda gradativa nos preços, que pode estar ligada ao aumento da oferta de bois para o abate, pois, à medida que a seca avançava e ocorria a consequente diminuição dos pastos, o criador tendia a vender seu rebanho para evitar maiores prejuízos. Já os impostos sobre os matadouros sofreram poucas variações, com uma média de dois contos de arrecadação mensal (os meses de janeiro e fevereiro são utilizados como base de cálculo), o que corrobora a explicação apresentada.

Pela análise da arrecadação municipal é possível entender o impacto da seca na economia entre os anos pesquisados. Mas para estabelecer uma relação com a pecuária é necessário esclarecer que nas receitas havia itens advindos da criação, tais como: *matança de gado ou matadouro*, sobre todo animal abatido para consumo; *ocupação do solo*, por animais criados; *indústria e profissão*, negociantes de animais, impostos sobre pastagens e fazendas; *exportação*, entre outros itens requeijão, toucinho, couros e peles, venda de animais (muar, lanígero, caprino, suíno e asinino); *licenças e matrículas*, couros e peles curtidas, registro de ferros (BIBLIOTECA PÚBLICA MUNICIPAL CARNEIRO RIBEIRO. Lei n.º 164, de 25 de junho de 1929. Orçamento Municipal de Morro do Chapéo).

Os valores dos balancetes anuais, somados todos os impostos, inclusive os descritos anteriormente foram estes: 1928 (60:564$000), 1929 (57:429$950), 1930 (sem dados), 1931 (70:710$101), 1932 (54:422$610), 1933 (61:472$000). Dessa forma, o ano da seca foi o que arrecadou a menor receita, resultado compatível com o cenário de dificuldades do período. Por outro lado, a falta de dados do ano de 1930 dificultou o entendimento do alto valor em 1931, comparado aos demais anos.

Na leitura das edições do *Jornal Correio do Sertão* dos anos 1930 a 1933 é possível perceber que o aumento no preço dos alimentos, desde o final da década de 1920, causou um movimento de tentativa de fortalecer a agricultura, acirrando as tensões entre a criação e a lavoura e motivando uma campanha no jornal contra os garimpos que já não rendiam como outrora. O comércio interno da carne magra vendida nas feiras livres era alvo de protestos, e notícias de fome e de eventos para arrecadação de alimentos também foram divulgadas.

No entanto, a volta das chuvas foi comemorada a partir de 1934. Nessa fase, apontada aqui como pós-seca, a pecuária apareceu em menor escala, a agricultura, entretanto, ganhou destaque. Os incentivos à produção de mamona e de fumo e as reportagens para aproveitamento da água das cacimbas e para irrigação são recorrentes. Pode-se atribuir isso à tentativa de resolver os problemas de desabastecimento dos anos anteriores. Porém, apesar de não aparecer como antes, a pecuária, a partir da coleta de impostos, conforme indicação nos balancetes, acaba por representar a maior parte da receita municipal, o que demonstra a sua importância e o incremento da criação.

O ano de 1934 é marcado pela criação de um imposto sobre a "carne verde". São dedicadas sete edições do jornal para discutir esse assunto. O imposto estadual foi instituído a partir de 1 de maio de 1934, e deveria ser cobrado no matadouro a quantia de 100 réis por quilo abatido. A edição 846 transcreve os artigos que versam sobre a lei e indaga sobre o alto custo, calculando esse imposto a um boi de 200 quilos. É perceptível que a partir desse ano a pecuária apareceu com mais regularidade.

Na edição 906, de 30 de junho de 1935, foi anunciado o fim dos negócios do gado destinados à recria. Nessa edição é informado que o gado, que antes permanecia nos *taboleiros* de Morro do Chapéu para a engorda e revenda, passaria a ser vendido diretamente nos centros de Jacobina, ou levados para os campos de Mundo Novo e de Monte Alegre. Após essa data, a coluna apareceu uma única vez no ano de 1937, com notícias sobre o comércio em Feira de Santana e o preço da arroba negociada localmente, sem apresentar nenhuma outra informação, o que indica o declínio da recria no município de Morro do Chapéu (JORNAL CORREIO DO SERTÃO, Edição 906, 30 de junho de 1935).

A decadência do comércio de gado relativo à recria é contrastada pelo incremento e incentivo da criação local. O jornal pesquisado começou a publicar, a partir de 1936, textos que enfatizavam a importância da pecuária e agricultura como atividades econômicas. Entre essas matérias, estas podem ser citadas: "Conselhos aos criadores sobre o sal" ou as "Lições da seca", sobre o uso de palma como complementação da ração animal, sobre anúncios de bois gordos ou ofertas de pastagens para aluguel. Também aparecem, com frequência, convites para o Congresso da Pecuária realizado na cidade de Mundo Novo. Essas publicações ocorriam paralelamente às informações sobre chuvas que caíam com regularidade. Nota-se que há uma crescente preocupação com a especialização e a diversificação de culturas, aliadas à adoção de cuidado e manejo do gado, às complementações nutricionais e aos cuidados com doenças.

Além da pecuária e agricultura, a mineração reaparece nas edições do *Correio do Sertão*. Em 1934, foi publicado um artigo sobre o *carbonato* baiano e sua comercialização:

> Agora recomeça *o carbonato* a sua alta. [...] "E preciso que defendamos; é imperiosamente necessário a fundação do Instituto do carbonato" para controlar os preços e evitar os contrabandistas, uma vez que segundo o autor, "quando o *carbonato*, há alguns anos atraz, alcançou o mais elevado dos seus preços, a nossa indolencia consentiu que o americano e o belga, competentemente aparelhados, viessem explorar as nossas jazidas" (JORNAL CORREIO DO SERTÃO, Edição 854, 1 de julho de 1934, s/p).

Sobre esse assunto, é informada ainda a descoberta de garimpos na Mangaba, local distante 18 km da sede. O salitre é outro minério destacado, mas com informações sobre possíveis extrações na Bahia. Em nível estadual, são registrados aumentos nas exportações de vários produtos, como mamona, cera de ouricuri e salitre.

A tentativa de fortalecimento da pecuária, em especial do gado vacum, é evidenciada na determinação do então prefeito Teotônio José de Souza, baseado no Decreto da Lei Estadual n.º 11.648, de 30 de maio de 1939, que torna "proibida a matança de vacas e novilhas, bem como o comércio de vacas para fora do Estado", e o descumprimento da lei acarretaria desde a apreensão do animal à multa de 500$000 réis (JORNAL CORREIO DO SERTÃO, Edição 1165, 16 de junho de 1940, s/p). Do mesmo modo, a legislação garantia a possibilidade do abate das "vacas velhas e imprestáveis para procriar" (JORNAL CORREIO DO SERTÃO, Edição 1176, 1 de setembro de 1940, s/p). Outra nota informa sobre a isenção de impostos à indústria leiteira (JORNAL CORREIO DO SERTÃO, Edição 1190, 8 de dezembro de 1940).

Dessa forma, observa-se que, no contexto de recuperação pós-seca, o governo passou a controlar a atividade pecuária. O número de reses que aparecem no jornal é bem menor que antes da grande seca, mas verifica-se o aumento das informações de cuidados com o rebanho.

1.3 "Não pode fechar, é estrada vaqueira": as idas e vindas do gado pelo sertão

Os caminhos de gado, conhecidos na região de Morro do Chapéu como estradas boiadeiras e/ou vaqueiras, são pistas de um passado em que o gado era levado a diferentes regiões em busca de pasto e comércio (por mercado). Ao redor desses locais, ou neles mesmos, foram erguidas fazendas, comunidades e cidades, e seguir as pistas dessas paragens é, portanto, compreender características da pecuária sertaneja, lidar com a memória de seus trabalhadores e conhecer a trajetória de sujeitos que passavam e viviam nesses caminhos.

Nesta pesquisa foram identificadas, a partir da oralidade e das informações coletadas no *Jornal Correio do Sertão*, as diferenças entre os dois tipos de estradas: as *boiadeiras*, que correspondem às estradas construídas com o objetivo principal de interligar pontos de comércio de gado, e as *vaqueiras*, que correspondem a diversos caminhos menores abertos por fazendeiros e vaqueiros, com o objetivo de transportar o gado entre as diferentes áreas de solta. Pode-se afirmar, portanto, que as estradas *boiadeiras* atendiam principalmente a recria, enquanto as *vaqueiras* eram utilizadas pelos criadores locais. Vale salientar que não havia uma rígida separação entre os boiadeiros e os criadores, e a utilização desses caminhos estava atrelada à localização de partida e ao destino final do gado. Ou seja, muitos vaqueiros utilizavam parte ou trechos de estradas *boiadeiras* conforme a necessidade de seu trajeto.

Fazer o gado adentrar o sertão no século XVII atendia à lógica mercantilista colonial. Nessa perspectiva, autores como Capistrano de Abreu reconhecem em seus estudos a importância da marcha do gado para o processo de interiorização. No sertão, esses caminhos representavam a única ligação entre as povoações (ABREU, 1982). No início do século XX, mesmo com diversas fazendas e feiras estruturadas, as estradas de rodagem eram sonhos distantes, e construí-las era uma necessidade reconhecida, custosa e pouco efetivada. Elas normalmente ligavam municípios, mas para a pecuária extensiva os caminhos abertos pelo caminhar do gado eram as únicas formas de interligação efetiva.

O conhecimento sobre a vegetação, o clima e o regime de chuvas, fazia parte das experiências culturais dos vaqueiros. Na pecuária extensiva, esse conhecimento era imprescindível, uma vez que o gado circulava por diferentes paisagens. Esse percurso obedecia às épocas do ano específicas, aos locais de pouso, a uma verdadeira rede de trocas de experiências. Caminhos de serras e rios estão presentes na memória local e são cantados nos aboios: a serra das Lages, a serra das Bolachas e a serra do Quebra Cangalha foram pontos, por muito tempo, transitados apenas pelo gado e pelos vaqueiros.

O senhor Orlando B. Brito, no caminho entre sua localidade e a mata, guarda os locais de chegada, como o Capão do Pinho, o Santana e a Passagem Velha, e um ponto se destaca na rota: na *"serra das Bolachas passava grandes boiadas por essa serra das Bolachas vinha de otros destinos inté de Goiás vinham boiadeiros, por Canarana, Cafarnaum, pegava esse destino, agora a gente fazia essas marcha"* (Entrevista, Orlando Bernardes de Brito, 68 anos, 7 de janeiro de 2019).

Entre os conhecimentos que os vaqueiros detinham, a vegetação das diferentes localidades era um dos mais importantes, tanto para alimentação animal quanto para eventuais fabricos de remédios. O solo e os seus nutrientes também eram importantes para garantir as necessidades nutricionais da criação. No sertão, a geografia dos currais obedecia à lógica dos grandes terrenos, da diversidade de pastagens e da presença de uma ou mais fontes de água. Quanto maior a presença desses fatores, maior era a fazenda. Outra possibilidade para os grandes fazendeiros era possuir terras nas diferentes paisagens e transferir o gado nos períodos de verão (período das trovoadas) e de inverno. Para os proprietários com poucas fazendas e menores recursos restavam as "áreas de soltas", terras devolutas que abrigavam rebanhos de diferentes donos. No entorno delas havia fazendas que davam suporte aos vaqueiros em momentos como a "junta de gado".

Para a descrição desses locais é preciso relacioná-los aos caminhos locais. Em 1910, o município possuía cerca de 300 fazendas, segundo ofício do Conselho Municipal de 1919, que intencionava buscar o ramal da estrada de ferro (JORNAL CORREIO DO SERTÃO, Edição 110, 16 de julho de 1919). O Censo de 1920 apresentou 298 fazendas (JORNAL CORREIO DO SERTÃO, Edição 387, 14 de dezembro de 1924). Como já destacado, havia a cobrança de impostos tanto nas fazendas como nas áreas de solta (particulares) e pastos. Logo, possuir a terra garantia rendimentos aos fazendeiros, e transportar e cuidar do rebanho garantia renda para os vaqueiros e demais trabalhadores.

Os mercados de gado em Jacobina, Feira de Santana e Mundo Novo eram os destinos dos animais que engordavam nos *taboleiros* de Morro do Chapéu, mas os negócios locais eram realizados, conforme o *Jornal Correio do Sertão*, em três Fazendas, Tapera, Veredinha e Santa Úrsula, onde os boiadeiros se hospedavam. Não se pode afirmar que elas eram os únicos locais onde ocorriam as transações comerciais, mas, em todas as edições consultadas, são as únicas assim identificadas, inclusive são apontados os valores dos bois vendidos. Isso demonstra a importância e o volume dos negócios ali realizados (JORNAL CORREIO DO SERTÃO entre 1918 e 1935, Edições 54, 58, 60, 61, 65, 75, 105, 108, 109, 112, 141, 316 e 913). Mas há ainda outros aspectos que reforçam a importância dessas fazendas: primeiro, por estarem nos centros de grandes áreas de soltas, segundo, por serem cortadas por caminhos e estradas *boiadeiras* e, por último, por serem próximas aos locais de garimpo.

Para entender essa relação, foram identificados três caminhos principais entre a região da caatinga e a zona central do município. Esses caminhos se entrecruzam conforme o destino final do gado. O primeiro caminho é considerado o mais antigo por pertencer ao trecho da Estrada Real "Rota de Jacobina ao rio de Contas" (NEVES; MIGUEL, 2007, p. 216-218), que era utilizada pelos boiadeiros do Alto Sertão que seguiam a margem do Rio Vereda Romão Gramacho em Cafarnaum, poço das Pedras, Serra das Bolachas e Alagoinha. Desta subia a serra do Quebra Cangalha até chegar à Fazenda Canabravinha, aos pés do Morrão (morro com maior elevação da região, com cerca de 1.300 m de altitude, que, segundo memorialistas, deu nome ao município de Morro do Chapéu). Dessa rota foram surgindo outros caminhos conhecidos como estradas vaqueiras.

O segundo trajeto, identificado como boiadeiro e, também, utilizado por vaqueiros, partia de Lagoinha com destino à Fazenda Santa Úrsula. Passando por essa localidade, o caminho seguia para grandes áreas de solta, identificadas como Passagem Velha, Várzea Fria, Boiadas e Santo Antônio, que são limitadas pelo distrito de Ventura, destino final do caminho de gado, hoje em ruínas. Nas margens do Rio Preto existiam áreas de soltas, como Capão do Pinho e Santana, que aos poucos foram sendo cercadas. Entre a Passagem Velha e o Ventura é possível identificar trechos do caminho de gado em ruínas. Em 1937, foi noticiada no *Jornal Correio do Sertão* a construção de parte do caminho descrito:

> Uma nova estrada
> Francisco Januario Gomes, Jose Barboza Pires e Raphael de Souza Rêgo avisam aos viajantes das mattas de Mundo Novo e mais quem interessa possa, que acabaram os trabalhos da abertura de uma estrada nova para pedrestes n'uma extensão de onze Kilometros e trez tarefas. Começando na baixa da Tocaia, passando pelo povoado de Santa Urçula e margeando diversos pastos, vae ella sahir na estrada da Lagoinha, adeante do Quebra cangalha, tarefas mais ou menos.

> Affirmam elles ser uma boa estrada de conveniência própria para os viajantes (JORNAL CORREIO DO SERTÃO, Edição 1008, 13 de julho de 1937, s/p).

A partir de conversas com moradores e vaqueiros, chegou-se à possível localização das Fazendas Tapera e Veredinha como sendo próximas à atual comunidade e à antiga Fazenda Santa Úrsula. A dificuldade de identificação reside no fato de existirem outras fazendas com o mesmo nome. Ao lado da serra das Lages existe uma fazenda denominada Tapera, que tem ligação entre a parte central do município nas terras das Caraíbas, Fazenda Jaboticaba, às terras na antiga fazenda, e hoje povoado, de São Rafael, próxima ao Rio Romão Gramacho. Mas os vaqueiros informam que essa era uma área de solta, ao passo que a Fazenda Tapera, próxima de Santa Úrsula, abrigava uma grande quantidade de gado, onde era comercializado tal qual a fazenda vizinha.

Sobre a Fazenda Veredinha, existe uma comunidade distante 25 km a leste do município que atualmente é reconhecida pela Fundação Palmares como Comunidade Remanescente Quilombola[8], e o fato de se localizar entre as áreas de solta do Santana e do Capão do Pinho, ficar próximo às Boiadas, seguindo o curso do Rio Preto, e próxima também ao Ventura constituem indícios de que se tratava da fazenda apontada no *Jornal Correio do Sertão* como local de venda de gado. No entanto, os vaqueiros entrevistados e o memorialista e turismólogo Gilmar Novaes (Entrevista, Gilmar Novaes, 12 de outubro de 2020) afirmam que a referida fazenda se localizava nas proximidades da Fazenda Santa Úrsula, o que seria plausível por elas estarem próximas ao primeiro e mais antigo caminho boiadeiro.

No lado direito do Morrão, na Fazenda Pé do Morro é possível identificar, também, as prováveis ruínas da Estrada Real, utilizada pelos boiadeiros (negociantes de gado). Por ela chega-se à Fazenda Morro Velho, uma das primeiras fazendas de criação que deram origem ao município de Morro do Chapéu:

---

[8] Certificada conforme Portaria n.º 104/2016, publicada no Diário Oficial da União (DOU) de 20 de maio de 2016 (FUNDAÇÃO PALMARES, 2016).

Figura 3 – Cerca de pedra na Fazenda Pé do Morro

Fonte: arquivo pessoal da autora (2020)

Figura 4 – Trecho entre a Faz. Canabravinha e Faz. **Pé do Morro**

Fonte: arquivo pessoal da autora (2020)

Apesar de estar em ruínas, é possível identificar traços comuns entre os caminhos boiadeiros. Na Figura 3, podem ser observadas as cercas de pedras usadas para conter o gado próximo a povoações ou fazendas, e, assim, evitar a entrada dos animais nas lavouras de subsistência. Na Figura 4, é possível perceber que o trajeto era estreito e acidentado, e que apenas pedestres, montarias ou gado podiam transpô-lo.

O gado destinado à recria seguia por essa estrada em direção a Jacobina. Nesse trecho foi construída uma estrada de rodagem, passando pelo povoado de Flores em Morro do Chapéu, em direção a Jacobina, tendo como pontos a Fazenda Mutuca, nas proximidades da Serra do Tombador. Assim, seguindo os rastros da memória dos vaqueiros antigos, foram assinaladas várias estradas vaqueiras que se entrecruzavam até chegar a áreas de pastagens na localidade do Espinheiro (às margens da atual rodovia BR-122), que funcionava como uma espécie de ligação entre *Taboleiros* (área central do município, próximo à sede) e as áreas identificadas como *caatingas*.

Partindo do Espinheiro por um "carreiro de gado" (pequeno caminho de mais ou menos dois metros de largura, transitado por animais e montarias), chega-se a Serra das Lages, local de destino de garimpeiros, e onde foram encontrados, conforme o *Jornal Correio do Sertão*, diamantes e *carbonatos*. A subida das Lages era um trajeto difícil para o gado e para os vaqueiros, uma vez que nesse ponto o gado cansado não conseguia concluir, ficando pelo caminho. Outras vezes, animais mais ariscos costumavam fugir por conta da dificuldade que os vaqueiros tinham na perseguição. Esses episódios inspiraram diversos versos cantados, como este, por exemplo:

> *O vaqueiro de Zé Pó, anda bem amontado, no cavalo de Castã Grande que corre como viado No pé da Serra das Lages ele ia tocando o gado A novilha de Zé Pó deixou ele envergonhado, deixou ele envergonhado.*
> *Porque ele perdeu a novilha né* (Entrevista, Jailda Miranda, 68 anos – filha de boiadeiro e sobrinha do vaqueiro personagem do verso – 19 de março de 2020).

Acima das Lages, encontra-se uma área de solta de gado, a localidade de Lagoa da Velha, onde atualmente foi demarcado o Complexo Arqueológico de mesmo nome. A solta de gado mencionada estava interligada às comunidades Buracão e Riacho Fundo, que eram fazendas de criação de pequenos engenhos. Partindo dessas localidades, pode-se entrecruzar com a Estrada Real no trecho próximo à sede do município.

Figura 5 – Mapa dos caminhos boiadeiros e estradas vaqueiras no município de Morro do Chapéu (BA)

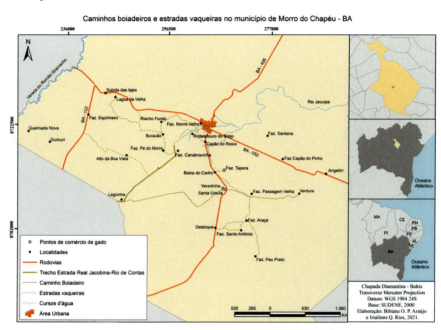

Fonte: elaborada por Bibiana Oliveira Pinto Araújo e confeccionado por Irialine Q. Rios com base nos dados da Sudene (Superintendência de Desenvolvimento do Nordeste), 2000

A pecuária extensiva era praticada em todo o município de Morro do Chapéu e seguia a dinâmica de transferência de gado para a chamada *destoca*. As fazendas e as áreas de solta na região norte, próximas ao Rio Salitre, eram interligadas ao extremo norte, onde durante o verão o gado era solto nas áreas e nas unidades produtivas margeadas pelo Rio Jacaré na Vereda Romão Gramacho. Na região a leste da sede do município existiam várias fazendas e comunidades onde a pecuária era a principal atividade, como Rosa Benta, Fedegosos e Brejinho (Dias Coelho). Próximas a essas fazendas, havia áreas de solta, como Montevidéu, que os vaqueiros caracterizavam como "um carrasco meio caatingado"[9], para onde eram transferidos rebanhos das fazendas da região leste e rebanhos de fazendas no entorno do Ventura e de Angelim.

---

[9] Áreas de transição, também conhecidas como carrasco (Entrevista, João Correia de Souza, 85 anos, 1 de julho de 2021).

Figura 6 – Mapa da pecuária nas porções leste, norte e extremo norte do município de Morro do Chapéu (BA)

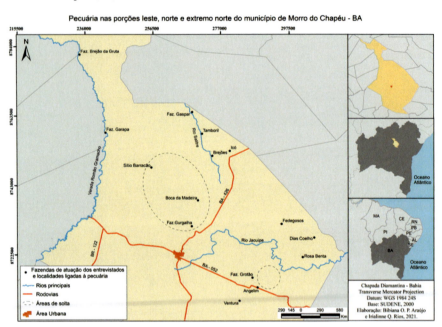

Fonte: compilação feita pela autora e por Irialine Q. Rios com base em dados da Sudene, 2000

Essas informações revelam o quanto a atividade pastoril estava interligada, e o transporte de engorda, comércio, cria e recria ocorria dentro de um ambiente conectado, por estradas, caminhos e carreiros, onde foram construídas relações e trocas culturais — questões discutidas no próximo capítulo. Ademais, revelam, ainda, que a modalidade extensiva da pecuária a tornava dependente do ambiente. Nesse contexto, os criadores e os vaqueiros precisavam conhecer essas implicações naturais para desenvolver sua atividade, e, à medida que o espaço era conhecido, a pecuária fortalecia-se e as fazendas cresciam, e muitas delas se tornaram povoados ou distritos. Nota-se, portanto, que o aumento da população pastoril, apesar de ser menos dinâmico que o da mineração, era mais duradouro, enraizado de tal forma que só períodos de extrema seca conseguiam romper e dispersar.

Figura 7 – Corredor entre duas fazendas cercadas no Capão do Rosio

Fonte: arquivo pessoal da autora[10]

Por fim, cabe destacar que muitos desses caminhos e áreas de solta são utilizados até hoje para a *"destoca"*[11] do gado ou para eventos de lazer chamados de cavalgadas. A maioria das terras no entorno desses caminhos está cercada, mas de maneira a não impedir a passagem. A explicação é que "não pode fechar, é estrada vaqueira".

---

[10] Corredor entre duas fazendas cercadas que compõem o trecho de uma antiga estrada vaqueira.
[11] Transferência de gado para as áreas de caatinga durante os meses de trovoada (outubro a abril).

ABORDAGEM HISTÓRICA DOS TRABALHADORES DA ATIVIDADE PECUÁRIA

O ofício de vaqueiro foi reconhecido como patrimônio imaterial do estado da Bahia por meio do Parecer n.º 013/10 e do Decreto n.º 13.150/11. Em 2011 foi aprovado o Projeto de Lei da Câmara dos Deputados Federais (PLC) 83/2011, que reconheceu e regulamentou a profissão de vaqueiro (BAHIA, 2013, p. 54-55). Antes disso, ser vaqueiro não era reconhecido oficialmente como uma categoria de trabalho. Em pesquisas no Cartório de Registro Civil em Morro do Chapéu, na Bahia, constatou-se que nenhuma certidão de casamento ou óbito apresentava essa designação. Se considerarmos apenas esses registros oficiais e a legislação, em Morro do Chapéu, e em outros sertões, oficialmente não existiram vaqueiros.

Essa invisibilidade é também observada na historiografia. Por muito tempo, os trabalhadores da pecuária estiveram ausentes como temas centrais das pesquisas. No caso de Morro do Chapéu, existe uma lacuna evidenciada pela carência de diálogos com a história desses indivíduos e o registro de suas trajetórias e experiências. Nesse espaço, a presença da cultura vaqueira é marcante e perceptível em diversos eventos, como festas de "pegas de bois", cavalgadas (passeios realizados a cavalo que envolvem homens e mulheres, indivíduos de várias idades), "encontros de vaqueiros" (festas iniciadas normalmente com a Missa do Vaqueiro, apresentações como aboios e passeios a cavalo, acompanhadas sempre de músicas regionais) e festas de argolinha (competição cujas provas têm como objetivo demonstrar o domínio sobre a montaria).

Em outro sentido, apesar da modernização no campo da pecuária, parte do rebanho local é criado de maneira mista, ora intensiva, principalmente as vacas paridas, e extensiva, em que o gado *solteiro* (todo gado apartado, mamotes, novilhas, vacas não paridas, garrotes) ainda é criado nas áreas denominadas "soltas" (terras não cercadas, com ou sem dono). Há ainda certa valorização dos vaqueiros antigos que se reafirmam ao se vestirem, nas idas para a cidade de Morro do Chapéu, de jaleco e chapéu de couro.

Dessa forma, o registro e a problematização das experiências, significados e dimensões da cultura vaqueira são a melhor maneira de compreender os contextos culturais, sociais, políticos e econômicos nos quais estão inseridos os trabalhadores da pecuária — mas que muitas vezes são desconsiderados. Assim, assegurar o seu ponto de vista e lhes dar visibilidade é articular memória e história. Para tanto, os depoimentos orais foram elementos imprescindíveis no processo de concretização desse objetivo, pois contribuíram para romper esses silêncios.

2.1 Representação e memória dos vaqueiros da pecuária sertaneja

Os atores principais da pecuária sertaneja são, sem dúvida, os trabalhadores (vaqueiros, tangedores e ajudantes). Na historiografia, a compreensão de quem seriam esses sujeitos foi baseada em visões memorialísticas e literárias que acabaram por generalizar e congelar a chamada "cultura vaqueira". Em alguns pontos, romantizam esses trabalhadores, cristalizando-os à "época dos desbravamentos do sertão", ou, em outras visões, são retratados como sujeitos duros, sem instrução, imersos apenas em sua lida. Muitas são as ausências na construção do arquétipo vaqueiro, entre elas a questão da sua origem étnica. Nesse viés, muitos autores enfatizam o componente branco e sua contribuição no sertão e/ou apresentam elementos indígenas na construção do "caboclo" sertanejo, negando ou diminuindo a presença negra.

Nesse sentido, situa-se o poeta, cronista e ensaísta baiano Eurico Alves Boaventura (1909-1974), que, nascido em Feira de Santana (a 100 km da capital baiana Salvador), escreveu o ensaio *Fidalgos e Vaqueiros*, entre 1952 e 1963, fruto de suas vivências pelo Sertão de Itapororocas (SOARES, 2011). Ao descrever a paisagem sertaneja, o autor discute o caráter miscigenado do vaqueiro, principalmente no capítulo "Paisagem humana do pastoreio". Em *Fidalgos e Vaqueiros* é possível perceber o enaltecimento e uma tentativa de dar visibilidade ao vaqueiro sertanejo e sua contribuição para a formação do Brasil. Apesar de não se tratar de um texto com rigor historiográfico, como afirma o autor, pode ser descrito, entre outros aspectos, como uma importante fonte bibliográfica. Nas palavras do autor:

> Não é um livro de história, porque não quis sê-lo. Não quis tornar-se em interpretação sociológica da nossa vida, desde que não tive essa preocupação. É apenas o meu testemunho. É a minha história do sertão e dos meus tabaréus, que quis

> contar aos meus filhos, nos serões aqui, neste velho casarão da nossa pequena e modesta fazenda, para-lhes esclarecer o engano de alguns estudiosos do nosso passado (BOAVENTURA, 1989, p. 11).

Por meio da definição do sertanejo como o "tipo brasileiro padrão, o mestiço eugênico que aqui labuta" (BOAVENTURA, 1989, p. 73), o autor apresenta e discute as visões de Nina Rodrigues, Euclides da Cunha, Oliveira Viana e Roquete Pinto, autores sabidamente ligados a estudos e práticas eugênicas no Brasil. Isso demonstra, em síntese, a influência da eugenia na construção de sua visão sobre os trabalhadores da pecuária.

Para entender tal aspecto, faz-se necessária uma breve contextualização das teorias raciais brasileiras, tomando inicialmente como base as discussões de Lilia Moritz Schwarcz, para quem o conhecimento sobre a raça se consolidou como um

> "Um ideal político", um diagnóstico sobre a submissão ou possível eliminação das "raças inferiores", que se converteu em uma espécie de prática avançada do darwinismo social – "a eugenia" –, cuja meta era intervir na reprodução das populações (SCHWARCZ, 1996, p. 85).

Essa ideia racialista para o Brasil pode apresentar contradições, haja vista que a miscigenação já era uma realidade desde os tempos do Brasil Colônia. Desse modo, como demonstra Schwarcz, a miscigenação foi um tema debatido, inicialmente vinculado a uma visão romântica, nativista, ligada ao IHGB (Instituto Histórico e Geográfico Brasileiro) como um projeto de construção da identidade nacional, com ênfase no branco, mas que, em fins do século XIX, passou a assumir um caráter político intervencionista, que visava entender que "a mestiçagem existente no Brasil não era só descrita, como adjetivada, constituindo uma pista para explicar o atraso, ou uma possível inviabilidade da nação" (SCHWARCZ, 1996, p. 88). Essa visão foi compartilhada por autores como Conde de Gobineau e Nina Rodrigues. A esse respeito, Schwarcz (1996, p. 86) observa que

> O Brasil, em finais do século, vivia um ambiente conturbado. A escravidão acabara em 1888 e já em 1889 caía o Império, um regime bastante arraigado na lógica e nas instituições do país. Com essas mudanças iniciava-se, também, o debate sobre os critérios de cidadania e acerca da introdução dessa imensa mão-de-obra, agora oficialmente livre, no mercado de trabalho.

Para as condições relativas à cidadania podem ser identificados alguns problemas, como a questão da miscigenação com o elemento negro que remete à escravidão, o resultado negativo do "caldeamento das raças" e da eugenia praticada nesse contexto. Aqui, considera-se relevante a análise deste fragmento:

> No caldeamento racial que se operou no Nordeste e no interior mais distante do Estado da Bahia não penetrou fortemente, nesta amálgama de caracteres físicos, a mistura sanguínea que os transatlânticos misteriosos derramaram nos portos, sobretudo do sul. Nem o negro pesou sensivelmente nos cruzamentos sertanejos (BOAVENTURA, 1989, p. 73).

Além disso, ao se referir ao elemento indígena, o autor observa o seguinte:

> E já ponderava no seu tempo Oliveira Lima: "Essa população é raça bem mais pura que a do litoral, com pouca mistura de sangue índio e quase nenhuma de sangue negro". Registra-se aqui ligeiro engano do sociólogo e historiador. O contingente de sangue índio define-se extraordinário, pois a índia foi o pasto em que se sevou a lasciva do branco, que ficara guardando os primitivos currais ou passou semeando-os sertão a dentro (BOAVENTURA, 1989, p. 74).

Quanto ao elemento branco, o autor enfatiza os traços físicos:

> Com o flamengo, veio gente de outra origem de outra raça. Brancas ou claras. O branco luso, em época anterior, havia marcado vigorosamente a sua entrada pelo sertão. Enxameiam por toda parte belos perfis de mulheres brancas e se encontram constantemente trabalhadores de pele alva até aloirada. Conheci no Nordeste famílias inteiras, cujos componentes mesmo os homens traziam na face um róseo finíssimo, a par de traços limpos e nobres. E os narizes finos, os cabelos que voam soltos, povoam os recantos mais longínquos e escondido do Estado. Aos grupos. Aos punhados. Lembranças atávicas "do fator aristocrático de nossa gens" na definição de Euclides da Cunha (BOAVENTURA, 1989, p. 74).

Nota-se que a miscigenação descrita pelo autor tem como elementos principais a heroicização da força do indígena e a tentativa de diminuir o peso do negro e da escravidão africana e crioula. São páginas dedicadas a minimizar essa presença e a enfatizar o papel do branco como precursor:

> Porque a consolidação da conquista foi realizada pelos fazendeiros brancos, na segunda fase do pastoreio e que se amorenam na paisagem que criam e renovam no seu solar. O preto, "carvão que chegava a oficina das raças" na feliz figura de Cassiano Ricardo, não suportou o nordeste ou o sertão largo, no início dessas cruzas. Certo que por aqui palmilhou muita estrada pé de negro. Ou, mais acertadamente, de mestiço negro. Mas retrocedeu ou paralisou a marcha. E esta tentativa de penetração do negro se operou quando já feita a base sanguínea mais clara (BOAVENTURA, 1989, p. 75).

Percebe-se, assim, que todas as vezes que a presença negra é mencionada, além de ser abrandada, é tratada como resultado de uma mistura prévia. Nesse sentido, Boaventura (1989, p. 77) afirma o seguinte: "a coloração com que Roquete Pinto poliu os nossos mestiços sofre críticas. É inseguro o seu método de analisar nossas etnias. Bem ponderava Oliveira Viana". Para corroborar suas ideias, o autor recorre a fontes documentais, e a partir delas constrói suas teorias:

> Em cinquenta inventários de figuras mais fortes economicamente e de época mais rica, até 1862, encontrei no município de Tucano somente cento e oitenta escravos. Entre estes, poucos se apresentava como pretos ainda. A maioria pode contar-se assim, desenrolava aos nossos olhos os diversos fios do tear racial do Nordeste, em cores ou tons variados. Eram cabras, mulatos crioulos e pardos (BOAVENTURA, 1989, p. 77).

Mais adiante, ele afirma que "a quase isenção do sangue negro puro no povo sertanejo patenteia-se pelo sertão inteiro" (BOAVENTURA, 1989, p. 80.). Sua argumentação, contrária a estudos ou impressões de um número elevado de escravizados negros, baseia-se em três pontos. Primeiro, que o termo *negro* poderia se referir aos "negros da terra", como eram chamados os escravos indígenas. Segundo, que são imprecisos os estudos sobre a origem dos negros como fugitivos, pois, segundo o autor, eram poucos os quilombos, e estes eram facilmente destruídos por questão de aventureiros adquirirem rendimentos com a captura dos fugitivos. Terceiro, é expressa a rentabilidade insuficiente do pastoreio para adquirir mão de obra tão valorizada (BOAVENTURA, 1989).

Sobre essas conclusões, pode-se tomar como exemplo o município de Morro do Chapéu, onde cartas de alforria e documentos de compra e venda explicitam a origem e as características físicas que permitem não os confundir com indígenas[12]. A presença de seis comunidades reconhecidas como remanescentes quilombolas e o exemplo do casal Soares da Rocha, pesquisado por Jackson André da Silva Ferreira (2014), comprovam que a união desse casal

> [...] não gerou filhos, mas possibilitou a construção de um patrimônio invejável, avaliado em mais de 120 contos de réis, distribuídos em fazendas, sítios, casas, empréstimos, escravos e criações de gado (vacum, equinos, muares e asininos) (FERREIRA, J. A. da S., 2014, p. 13).

Considerando ainda o texto de Boaventura, nota-se que ele oferece algumas pistas para entender a defesa da composição mestiça, pois "no campo pastoril, não corria sangue negro puro, limpo [...] Tudo misturado" (BOAVENTURA, 1989, p. 84). Em síntese, o autor possui uma visão generalizante quanto ao negro e a sua "inabilidade" para o povoamento:

> Devo aclarar que são elementos negroides e não pretos puros. Totalmente anestesiados pela ignorância, mais embrutecidos pelo isolamento a que se deram. Não se misturam, não se casam com brancos ou simplesmente claros (BOAVENTURA, 1989, p. 85).

Existe, portanto, nesse pensamento de Boaventura, a valorização do branco como povoador e desbravador: "Para o pastoreio, largou-se sempre família de pele alva, gente limpa de sangue" (BOAVENTURA, 1989, p. 81). Mais adiante, o autor ainda afirma o seguinte: "Seria o branco o sexo primeiramente. E a índia boa e nova, a mameluca em flor não haveria de ser para a brutalidade do negro inferiorizado" (BOAVENTURA, 1989, p. 86).

Ademais, a citação de autores como Roquete Pinto e Oliveira Viana revela que o discurso empreendido por Boaventura tem suas bases nas teorias eugênicas. Nesse ponto, faz-se necessário entender como essas teorias chegaram ao Brasil e como elas se processaram. A respeito desse assunto, Nancy Leys Stepan (2004) afirma que "a eugenia no Brasil, maior país da América Latina e o primeiro da região a ter um movimento eugênico organizado entre 1900 e 1940", pelas contradições, era fruto de uma população majoritariamente rural e miscigenada, e com tardia industrialização e sua paisagem tropical "o Brasil representava tudo que os europeus consideravam disgênico" (STEPAN, 2004, p. 334).

---

[12] Fontes oriundas do cartório de notas do Arquivo do Judiciário de Morro do Chapéu.

Boaventura muitas vezes concorda com Oliveira Vianna em detrimento do pensamento de Roquete Pinto e também de Nina Rodrigues, o que permite problematizar os modelos de eugenia que se processaram no Brasil. Nessa perspectiva, Stepan (2004) esclarece que, "enquanto na Europa a guerra intensificara o medo de degeneração nacional, no Brasil, ela gerou um novo otimismo sobre a possibilidade de regeneração nacional, um otimismo que contrabalançava os receios mais tradicionais de decadência" (STEPAN, 2004, p. 335-226).

No que diz respeito à discordância entre Roquete Pinto e Oliveira Viana, explicitada no texto de Boaventura, Jerry Dávila (2006) observa que há pontos de discordância e de concordância, uma vez que

> Roquete Pinto era o principal proponente no Brasil da tese anti-racista do antropólogo Franz Boas [...] não havia raças superiores e inferiores, bem como que as pessoas deveriam ser avaliadas por seu nível de cultura. Em contraste Oliveira Viana, reacionário [...] acreditava na plena superioridade biológica ariana (DÁVILA, 2006, p. 50).

Na obra de Boaventura, a crítica dá-se pela natureza da negritude sertaneja, mas, como afirma Dávila (2006, p. 50),

> Embora continuasse haver polêmica sobre a natureza da negritude, da degeneração e da possibilidade de aperfeiçoamento racial, havia o consenso sobre o significado e o valor da brancura-consenso que se expressava nas virtudes, masculinas de virilidade, força e coragem, na "europeidade" e na concordância de que essa era a raça futuro do Brasil.

Ao final do capítulo "Paisagem Humana do pastoreio" está presente a variante eugênica brasileira, pela qual Boaventura foi influenciado, como constatado no excerto a seguir:

> [...] aproveite consiciosamente, patrioticamente o trabalho magistral e magnífico desenvolvido pelo tempo na gente sertaneja. Veja-se que não há força que resiste à doença, à desnutrição ou mesmo subnutrição (BOAVENTURA, 1989, p. 90).

Percebe-se nessas palavras uma aclamação à valorização do sertanejo, mas com uma ressalva de sua situação doente: "Cure-se o tabaréu para que não se desfaça a crença e não se esmoreça a esperança que se tem, como Roy Nash, nesta gente do Brasil e se complete a grandeza que sonhava Euclides da Cunha" (BOAVENTURA, 1989, p. 90).

Essa visão demonstra a variante eugênica brasileira, que,

> Nas atividades públicas do início da década de 1920 no Brasil, predominou o estilo otimista da eugenia lamarckiana. Estrutural e cientificamente, a eugenia brasileira era congruente, em termos gerais, com as ciências sanitárias, e alguns simplesmente a interpretavam como um novo "ramo" da higiene. Daí a insistência em que "sanear é eugenizar" (STEPAN, 2004, p. 348).

Por tudo isso, pode-se perceber o lugar de fala do poeta Boaventura em sua busca por valorizar a figura dos trabalhadores da atividade pastoril. Em resumo, trata-se de um perfil miscigenado, predominantemente branco e indígena, e as teorias raciais de fins do século XIX e início do século XX influenciaram as produções posteriores, pois, apesar de ter sido publicado em 1989, o livro *Fidalgos e Vaqueiros* foi escrito em 1953.

Boaventura pleiteia um lugar de importância na história para o vaqueiro, tentando reconstruir a identidade do que seria esse sujeito e ressaltando suas qualidades. E é nesse objetivo que se situavam as teorias sobre raça no Brasil, que tentavam determinar o futuro do homem brasileiro. Entretanto a contradição entre o homem ideal branco e o caboclo não seria facilmente vencida.

Nesse contexto, situa-se também Luís da Câmara Cascudo (1898-1986), nascido em Natal, no Rio Grande do Norte. Escritor, etnógrafo e folclorista brasileiro, ele reuniu em suas obras diferentes manifestações culturais nordestinas, como o livro *Vaqueiros e cantadores*, publicado pela primeira vez em 1939, que corresponde a um registro riquíssimo da tradição oral sertaneja e do seu espaço de vivência. Para esta análise, foi escolhido o texto "O negro nos desafios do nordeste" (CASCUDO, 2005, p. 158), que oferece uma contextualização dos desafios registrados e uma defesa da chamada "democracia racial":

> Não é de somemos os dados folclóricos sobre o estado do Negro no Brasil, não tivemos repulsa por ele e o sexualismo português clarificador, em pleno acelAeramento. Ninguém se lembrou de vetar ao negro os galões do exército e a promoção na vida burocrática [...] nenhuma criança brasileira se recusou a brincar com um negrinho. A mãe negra é uma instituição comovedora e romântica e 90% dos brasileiros beberam leite de negro, mais ou menos caldeado (CASCUDO, 2005, p. 158-159).

Nesse trecho, algumas questões podem ser observadas. Primeiro, o caldeamento como iniciativa do homem branco, o que ressalta suas virtudes sexuais. Segundo, uma aparente distinção entre o brasileiro e o negro (criança brasileira versus negrinho; brasileiros versus mãe negra, mesmo que caldeada, ou seja, mestiça). Terceiro, o autor rebate o que ele chama de "vírus científico do bolchevismo", utilizando os intelectuais brasileiros Oliveira Viana, Batista Pereira e Roquete Pinto como estudiosos defensores da ideia de que "houve no Brasil uma política racial instintiva, automática, contínua [...] O processo de *excusez*, arianização começou no próprio momento em que o velho *homo afer* chegou às terras brasileiras" (CASCUDO, 2005, p. 158). Trata-se, portanto, da defesa da miscigenação, como elemento constitutivo do brasileiro, além de constituir uma forma de mascarar as desigualdades existentes. Nesse ponto, observa-se, como afirma Dávila (2006, p. 57), que

> O artifício que permitiu que tantos brasileiros como estrangeiros aceitassem essa ideia está na forma pela qual a prática da eugenia ocultou o tratamento da hierarquia racial sob uma linguagem científico-social que desracializava e despolitizava a imagem da sociedade brasileira.

Situando essa discussão no contexto pesquisado, pode-se citar o livro *Morro do Chapéu*, do memorialista Jubilino Cunegundes (1899-1989), que nasceu em Mulungu do Morro (que à época era povoado de Morro do Chapéu) e mudou-se para a sede em 1915. A partir dos 16 anos de idade, trabalhou em diversas funções em uma firma que atuava principalmente no ramo da mineração de salitre e diamantes. Além disso, atuou também como advogado e participou da política local como vereador por vários mandatos. Como escritor, colaborava com o *Jornal Correio do Sertão*, e a primeira edição do livro supramencionado foi publicada em 1976[13].

Nesse livro, o autor registra a origem do município e os acontecimentos político-administrativos, além de aspectos relativos à paisagem e à história dos moradores. Ele afirma, na apresentação do texto, que a obra se trata de "uma coleta de dados e fatos referentes ao Município e sua gente, muitos deles guardados na memória de uns, transmitidos para outros e por isso mesmo fácil de ocorrer deturpações" (CUNEGUNDES, 1989, p. 6).

Em suas descrições, a atividade pecuária no município é descrita com certa nostalgia, como uma atividade fácil e barata, graças às "extensas áreas

---

[13] Biografia de Jubilino Cunegundes (Transcrita do Livro *Capitão João Pedro*, do escritor Edizio Mendonça, 2002). Disponível em: http://www.adourado.com.br/morro. Acesso em: 16 jul. 2021.

abertas, cobertas a maior parte por pastagens naturais", e entre os investimentos cita a casa do fazendeiro, especificando a "casa de taipa coberta de sapê destinada ao vaqueiro, um curral de madeira de oitão da casa, uma área cercada para prender os cavalos do campo" (CUNEGUNDES, 1989, p. 102). Ainda segundo o autor, o gado em outros tempos era considerado forte e sadio, o que dispensava maiores cuidados, sendo o único percalço o ataque de onças (CUNEGUNDES, 1989, p. 103).

Os vaqueiros pouco são mencionados; e nos momentos em que ocorre alguma menção, o vaqueiro aparece em companhia de um fazendeiro ou em cumprimento de alguma atividade, como no caso do fazendeiro José de Souza, "que partiu com o vaqueiro Francisco dos Reis Santos e de seus cães para caçar uma onça pintada" — como resultado, o fazendeiro saiu ferido, mas a onça foi morta (CUNEGUNDES, 1989, p. 104-105).

Em outros momentos, o perfil dos vaqueiros citados ressalta suas características físicas: "Miguel Arcanjo Alves, caboclo alto e forte, espadaúdo, vaqueiro de Florindo Antonio Neves", que, dormindo sob uma árvore, aguardava o gado quando foi atacado por uma jiboia, e sonhando que se tratava do abraço de sua amada, até acordar, lutou e venceu a cobra (CUNEGUNDES, 1989, p. 103).

As menções aos vaqueiros descritas ressaltam a coragem, a valentia e a cumplicidade entre vaqueiro e fazendeiro, o que reforça o perfil de destemido do homem sertanejo e a fidelidade incondicional do vaqueiro. Esse perfil corresponde ao que Joana Medrado identifica como "um *mito de origem*", que em sua construção "contribuiu muito para a propagação de uma imagem positiva associada ao vaqueiro", funcionando como um fator de distinção desses trabalhadores (MEDRADO, 2012, p. 127).

Por outro lado, sob o título "Tipos e festas populares", o autor narra histórias de pessoas que "levam a vida troçando e enganando os outros para depois rir com os próprios enganados". Ele começa com o relato do "Vaqueiro Bião, negro, baixo, magro parecendo um macaco, cigarro no canto da boca, bebendo cachaça nas bibocas e não pagando", narrando como Bião enganou um fazendeiro para comprar um boi que na verdade era seu parceiro amarrado, e o enganado, por sua vez, paga o vaqueiro para lograr seu vizinho, que, ao realizar o trabalho, recebeu dois mil réis (CUNEGUNDES, 1989, p. 81-82).

Percebe-se que a representação dos vaqueiros negros no livro de Cunegundes ilustra o conceito de *estereotipagem* discutido por Hall (2016), em que a diferença entre um homem branco e um negro era identificada como "natural", uma vez que se "estivesse sustentada no cultural era passível de mudança" (HALL, 2016, p. 171). Dessa forma,

> Os negros não eram representados em termos de suas características essenciais. Eles foram *reduzidos a sua essência*. A preguiça, a fidelidade simples, o entretenimento tolo protagonizado por negros *(coaning)*, a malandragem e a infantilidade pertencem aos negros, *como raça, como espécie*. [...]
> Os vestígios desses estereótipos raciais – que podemos chamar de Regime de Racialização da Representação – persistiram ainda no final do século XX (HALL, 2016, p. 173, 175, grifos do autor).

Outra fonte consultada foram as reportagens do *Jornal Correio do Sertão* que descrevem a pecuária local em 1917 como uma "indústria atrasadíssima em nosso meio, não oferecendo nenhum elemento de garantia aos creadores" (JORNAL CORREIO DO SERTÃO, Edição 11, 23 de setembro de 1917). A explicação para esse fato foi apontada com a

> A falta de competencia dos zeladores, ou vaqueiros; basta que é quasi na sua totalidade entregue a classe analthabeta, que suppõe ser somente necessario metter-se dentro de um uniforme de couro, escarrancharem-se sobre um animal e andar vagando dias e dias inteiros nos campos sem o menor elemento de consciencia no que deve fazer, dando por isso causa de grandes prejuisos nos productos annoaes. Se fossem melhor instruidos, usando os meios que são empregados para a creação nos Estados Unidos do Norte ou mesmo os dos nossos estados do Sul e orientaes, não ha duvida que as vantagens seriam outras (JORNAL CORREIO DO SERTÃO, Edição 11, 23 de setembro de 1917, s/p).

Nesse trecho, a pouca eficiência da pecuária local é apontada como culpa exclusiva do vaqueiro, que, por ser analfabeto, não tinha consciência de suas ações e, portanto, desempenhava mal o seu ofício. Além disso, defende o emprego de técnicas norte-americanas e dos estados brasileiros do Sul, desqualifica o vaqueiro sertanejo frente ao cowboy e ao gaúcho e, possivelmente, redireciona a suposta inferioridade do vaqueiro nordestino não apenas à questão racial, mas também ao problema de uma precária formação educacional.

Em outra reportagem, intitulada "A pecuária em nosso município e os prejuízos em que se acha", de 1920, é apontada a ineficiência da pecuária devido ao pouco número de reprodutores, incluindo uma crítica aos fazendeiros por venderem machos jovens, como no trecho a seguir: "Vaqueiros são mui culpados n'isto, porque não obrigam os patrões a augmentarem o numero de productores, e por fim soffrem grande prejuízo, obtendo de seu trabalho ridiculo rendimento em vez de maiores lucros" (JORNAL CORREIO DO SERTÃO, Edição 144, 11 de abril de 1920). Nessa reportagem, os vaqueiros são apontados como responsáveis pelos seus baixos rendimentos, invertendo a relação de poder a fim de culpabilizar o vaqueiro. Nessas construções, é evidenciada a pouca eficiência do trabalho dos vaqueiros, construindo uma visão negativa desses trabalhadores.

Essas ideias possivelmente estavam ligadas ao discurso eugênico brasileiro que, para Stepan (2004), circulava entre o campo "leve" de orientação lamarckiana e "pesada" de orientação mendeliana. O Brasil, como um país miscigenado, aos poucos foi adotando o primeiro modelo, no qual a possibilidade de regeneração estaria ligada à atenção à saúde e à educação (DÁVILA, 2006, p. 53, 55). Era uma forma de "embranquecer o comportamento e as condições sociais", tratando-se, portanto, de um enfoque cultural e ambiental da degeneração. Nesse sentido, projetos educacionais empreendidos na década de 1920 e 1930 confluíam para o mito da democracia racial (DÁVILA, 2006, p. 57, 59).

Essa ideia de educação redentora passou a fazer parte de um projeto de "Nacionalismo eugênico", fortalecido durante a Era Vargas (1930-1945), e os discursos encontrados no *Jornal Correio do Sertão* ilustravam a penetração dessas ideias no interior da Bahia. No artigo intitulado "Homens do Campo", publicado em 1938, é apresentada uma exaltação ao trabalhador rural como responsável pela prosperidade, apesar de sua situação precária, evidenciada pelas condições ambientais hostis e pelo afastamento dos "centros civilizados". Na conclusão do artigo, são expostas as seguintes observações:

> O homem que se dedica as actividades rurais precisa de educação technica e profissional; justiça social; colonização rural pelo systema da pequena propriedade; crédito agrícola; assistência médica [...]. Com sua capacidade de trabalho e contando com aquellas iniciativas, o trabalhador nacional provará que não é um homem caluniado de indolente (JORNAL CORREIO DO SERTÃO, Edição 1045, 27 de fevereiro de 1938).

Ainda no ano de 1938, a coluna "Pelo Sertões", assinada por Wenceslau de Souza Santos, aponta que, a partir da "vitoriosa Revolução de 1930, o sertão está em paz", defendendo a necessidade de escolas, educação, a fim de se formar "um sertão melhorarmente instruído", ou seja, "o que interessa à pátria é a alphabetização dos brasileiros que ainda vivem cegos, surdos e mudos, a falta do A.B.C." (JORNAL CORREIO DO SERTÃO, Edição 1075, 25 de setembro de 1938).

Ademais, problemas do ambiente pastoril, como os incêndios fora de controle provocados pela necessidade de ampliação de pastos, são apontados como preocupação na reportagem "Queimadas no interior", que destaca o não conhecimento da direção dos ventos como fator de alastramento dos incêndios, mas que, ao tratar das responsabilidades, ameniza a culpa dos "caboclos ignorantes que carecem aprender o A. B. C., antes de mais" (JORNAL CORREIO DO SERTÃO, Edição 1083, 27 de novembro de 1938, s/p).

Esses exemplos ilustram a maneira como eram vistos os trabalhadores rurais, especialmente os sertanejos, e a eles são creditados os fracassos das atividades agropastoris. No entanto, percebe-se que, conforme ocorre a introdução de explicações voltadas ao caráter doente e atrasado do interior, bem como a possibilidade de reverter esse cenário por meio da saúde pública e da educação, os escritos passaram a cobrar ações que solucionassem os problemas apresentados.

2.2 Problematização da pecuária e seus trabalhadores

A representação discutida até aqui evidencia a existência de várias lacunas e incompreensões sobre a pecuária e seus trabalhadores. A questão da escravidão e da presença negra é uma dessas lacunas. Estudos recentes abordam o assunto, a exemplo do livro *Uma comunidade sertaneja: da sesmaria ao minifúndio (um estudo de história regional e local)*, de Erivaldo Fagundes Neves, que parte do entendimento de que os "estudos históricos regionais e locais indicam as variáveis mais relevantes para a compreensão do processo de formação e desenvolvimento do Estado Nacional", a fim de, por meio de sua pesquisa, "resgatar fatos relevantes e discutir aspectos significativos do processo de formação e evolução socioeconômica e político-cultural do Alto sertão da Bahia" (NEVES, 2008, p. 17).

Estudos como esse apontam a variedade de contextos e relações do ambiente pastoril. A multiplicidade de relações sociais e de trabalho é um aspecto contemplado na discussão proposta por Neves (2008), ressaltando que a mão de obra escrava e a livre coexistiram, e foram empregadas tanto na agricultura de subsistência quanto na pecuária:

> A grande pecuária regional empregava, desde os tempos de Guedes de Brito, o trabalho compulsório, ao contrário do que informa a historiografia tradicional, fundamentada em relatos cronistas coloniais. [...] Nas pequenas e médias fazendas, quando o manejo do gado não constituía atividade do proprietário e de sua família, empregava-se o vaqueiro escravizado. Assim mostram os inventários *post mortem* de pecuaristas dos séculos XVIII e XIX (NEVES, 2008, p. 263).

Francisco Carlos Teixeira da Silva (2002) também analisa a prática da escravidão, em um estudo sobre a atividade pecuária desde sua instalação nos sertões, por meio da discussão historiográfica que procura desfazer as generalizações da "ideia da fazenda de gado como um imenso latifúndio", problematizando o regime e os usos das terras (sesmarias, arrendamentos/ grandes propriedades, sítios, terras *indivisas* e áreas de uso coletivo como as *malhadas*). Segundo o autor,

> Muitos sesmeiros, é verdade, mandavam prepostos, livres ou escravos, para montarem currais no sertão. Continuamos, neste caso, face a uma forma de exploração direta. Mas, a maioria preferia – e este é o elemento novo que queremos destacar – arrendar as terras recebidas ou recém-conquistadas [...] Grandes domínios – a Casa da Torre é um exemplo – compunham inúmeros *sítios,* denominação usual das terras arrendadas no Sertão [...] Estas unidades menores (*sítios,* currais ou fazendas) no interior da sesmaria, aqui considerada como domínio, eram as empresas produtoras e deveriam, assim, ser a base de análise do sistema pecuarista (SILVA, F. C. T. da, 2002, p. 143, grifo do autor).

No que diz respeito às formas e funções do trabalho, o autor aponta como a história, a literatura e o cinema idealizaram o vaqueiro e as relações de trabalho por meio de uma visão romântica do vaqueiro como um herói mítico. Essa visão foi sendo desconstruída a partir dos estudos de Luiz Mott, a exemplo da "participação dominante da escravidão na vida econômica do Sertão, bem como os traços fundamentais do cotidiano sertanejo" (SILVA, F. C. T. da, 2002, p. 146). Dessa forma,

> Vaqueiros, *camaradas, cabras* e *fábricas; passadores, tangedores* e *guias;* negros escravos e forros; caboclos quase todos; muitos mamelucos; e mulatos, em grande número, formam um universo próprio, com dinâmica original e constituem-se em elementos de uma cultura rústica, que ainda hoje resiste à modernidade dissolvente (SILVA, F. C. T. da, 2002, p. 142, grifo do autor).

Luiz Mott, apontado por Francisco Carlos Teixeira da Silva (2002) como um dos percussores no estudo da escravidão nas áreas pastoris, descreveu a atividade como fator inicial de povoamento do Piauí (século XVII), e o seu desenvolvimento esteve atrelado ao comércio com a zona mineradora (século XVIII). Ademais, Francisco Carlos Teixeira da Silva (2002) apresenta dados sobre a população das áreas pastoris como majoritariamente masculina, negra, mestiça e escravizada.

Luiz Mott advogou contra o mito da incompatibilidade da escravidão na atividade pecuária, defendida por historiadores como Caio Prado Jr., Celso Furtado, Roberto Simonsen (MOTT, 2009, p. 42), que defendiam a adoção da mão de obra livre em razão da "extrema dispersão inerente ao pastoreio", que tornava "incompatível o escravismo", pois, segundo estes, "nestes territórios imensos, pouco povoados e sem autoridades, é difícil manter a necessária vigilância sobre trabalhadores escravos" (MOTT, 2009, p. 42). Nesse viés, de acordo com o autor,

> Nossos dados evidenciam exatamente o contrário: que desde o início e ao menos durante todo o setecentos, a pecuária piauiense dependeu substantivamente da mão de obra escrava afro-descendente. Embora existindo lugar para o trabalho livre, inclusive indígena, o escravo negro sempre foi presença majoritária e indispensável nas fazendas de criatório, superior ao braço indígena, quiçá mesmo ao braço livre (MOTT, 2009, p. 42).

Ainda sobre essa questão, Lycurgo Santos Filho, embasado no "Livro de razão" e no "Livro do gado", apresenta, em sua obra *Uma comunidade sertaneja*, os registros feitos por gerações da família proprietária da fazenda pastoril de "Brejo do Campo Seco". A interpretação construída com base em tais documentos se relaciona com as análises econômicas e políticas empreendidas pela família proprietária, seu cotidiano e as diferentes relações sociais ali empreendidas, demonstrando, assim, a importância da escravidão a partir dos registros sobre os escravos que atuavam nas fazendas de gado.

Por essas discussões, percebe-se que a figura do vaqueiro foi generalizada em torno de visões que utilizavam uma argumentação racial, nas quais a presença negra, livre ou escravizada era diminuída ou quase inexistente. No entanto, a questão racial não era o único elemento da romantização do vaqueiro, pois a complexidade das relações sociais também foi negligenciada nessas visões.

Nesse sentido, Joana Medrado (2012) discute as relações sociais e econômicas da pecuária e o cotidiano dos trabalhadores e fazendeiros que se contrapõem às visões memorialísticas e românticas do campo sertanejo. Nessa abordagem, desvincula-se o caráter pacífico e despolitizado do vaqueiro, pois, ao contrário, entende-se que havia lutas no interior da pecuária, objetivando a ascensão social. Para tanto, são examinados diferentes processos, em sua maioria, referentes a roubos de gado. A autora considera os anos finais da escravidão e iniciais da pós-abolição, procurando problematizar as relações de trabalho, as funções e os entendimentos das características que seriam inerentes aos vaqueiros. Para ela,

> O fim da escravidão desfez a hierarquia oficial e civil entre os trabalhadores de uma fazenda e acentuou a necessidade entre os trabalhadores livres e especializados de reafirmar virtude que os diferenciassem da mão de obra comum. A fidelidade, a honra da palavra, a coragem, a dignidade e a confiabilidade eram alguns desses valores, e os vaqueiros foram os principais trabalhadores a mantê-los e reforçá-los. Os fazendeiros, logicamente, tentaram apropriar-se desse discurso a seu favor (MEDRADO, 2012, p. 91).

Para além da questão teórica, os estudos convergem também com o redimensionamento do espaço pesquisado, pois partem de unidades produtivas pastoris e/ou contextos circunscritos. Nesse sentido, Jackson André da Silva Ferreira (2014) discorre sobre as estratégias de poder do casal Rocha Soares, no contexto de Morro do Chapéu, para estender e manter seus domínios dentro do ambiente pastoril. As relações do casal proprietário com trabalhadores livres e escravizados, os laços de dependência e as redes de solidariedade elucidam o funcionamento da pecuária no município de Morro do Chapéu durante o século XIX. Muitos traços desse período perpassam o século XX e são percebidos nas relações de trabalho e vivência que serão discutidas a seguir.

Assim, esses estudos fornecem uma nova abordagem compreendida como problematizadora das categorias subalternas, cujas vozes foram até recentemente negligenciadas. Mas entende-se que, mesmo com bases ineficientes, os estudos de Boaventura e Cascudo são importantes por advogarem em favor desses trabalhadores e por fornecerem relevantes elementos sobre o funcionamento e o período inicial da pecuária nordestina. Nesse viés, podem ser também incluídos os relatos de Jubilino Cunegundes e as reportagens do *Jornal Correio de Sertão* como importantes fontes de pesquisa.

Constata-se, portanto, que pensar nos sujeitos que atuaram diretamente na atividade pecuária, e nas suas representações, é uma forma de entender como a cultura se processa, e também como essa cultura é vista ou silenciada enquanto reafirmação de uma memória. Nessa perspectiva, a história articula-se à antropologia, que em seu princípio no Brasil assumiu uma ênfase racial. Desse modo, essa cultura é constituída de todas as relações humanas que se manifestam no cotidiano dos diferentes sujeitos, correspondendo, assim, ao conjunto de saberes e fazeres que possui tanto representação como sentido próprios e necessários à sociedade. Em suma, a cultura vaqueira é dinâmica, com diferentes relações sociais, políticas e econômicas, por isso não se pode generalizar o vaqueiro como um sujeito apartado do seu meio, o que demanda o diálogo com seus costumes, relações sociais e de trabalho como forma de entender parte dessa estrutura pastoril.

2.3 Memórias, trajetórias e identidade

> *O vaqueiro é como um varão de porteira, tem os que sabe de tudo e tem os que não sabe de nada, mas quebrou um varão de porteira tem que colocar outro, certo ou torto. E o vaqueiro quando sai de uma fazenda, um vaqueiro bom, entra outro qualquer. Então ele não tem valor (Entrevista, João Correia de Souza, 85 anos, 2 de julho de 2021).*

As relações sociais e de trabalho presentes na atividade pastoril giravam em torno da figura do vaqueiro. Explicando de maneira simplista, vaqueiro é todo trabalhador que lida diretamente com o gado. No entanto, essa designação diz muito pouco sobre quem eram esses trabalhadores, quais eram as suas funções e quais as dimensões culturais de seu ofício. As expressões "bom vaqueiro", "vaqueiro de verdade", "vaqueiro afamado" e "vaqueiro meia pataca" correspondem a algumas das maneiras de categorizar esses trabalhadores, noções que eram internalizadas no processo de construção identitária dos próprios trabalhadores.

No Brasil sertanejo, o vaqueiro é uma figura simbólica, mas a sua representação é feita de maneira folclorizada e reducionista. Por isso, aqui, o que se pretende é problematizar o vaqueiro enquanto uma categoria social subalterna, registrando suas vivências que por muito tempo foram negligenciadas, além de dialogar com experiências e trajetórias desses sujeitos históricos. Nesse sentido, a memória é um elemento norteador nesse processo, que em uma abordagem histórica é entendida como fonte e objeto de estudo que se relaciona com a cultura e dialoga com as identidades. Conforme destaca Pollak (1992, p. 4-5),

> Se podemos dizer que, em todos os níveis, a memória é um fenômeno construído social e individualmente, quando se trata da memória herdada, podemos também dizer que há uma ligação fenomenológica muito estreita entre a memória e o sentimento de identidade. Aqui o sentimento de identidade está sendo tomado no seu sentido mais superficial, mas que nos basta no momento, que é o sentido da imagem de si, para si e para os outros. Isto é, a imagem que uma pessoa adquire ao longo da vida referente a ela própria, a imagem que ela constrói e apresenta aos outros e a si própria, para acreditar na sua própria representação, mas também para ser percebida da maneira como quer ser percebida pelos outros.

Partindo desse entendimento, é importante esclarecer que, por conta do recorte temporal (1905 a 1940) e do interesse em discutir a temática a partir do ponto de vista desses sujeitos históricos, a fonte oral tornou-se imprescindível. No entanto, a memória principal que se buscou registrar aqui é de certa forma uma memória indireta, pois, sendo o ofício de vaqueiro uma atividade de caráter hereditário, essa opção metodológica tornou-se uma possibilidade, aliada à problematização da memória.

Cabe ressaltar que as implicações dessa escolha são conhecidas, uma vez que o vivido e o contado podem ser de difícil separação. Contudo a identidade e as conquistas sociais desses vaqueiros muito têm a dizer sobre aqueles que os antecederam, o que se tornou perceptível nos depoimentos de suas trajetórias, das diferenciações por falas como vivido "em seu tempo", do "tempo de seus pais" ou nos "tempos dos antigos". Os acontecimentos relatados correspondem ao que Pollak chama de elementos constitutivos da memória individual e coletiva, ou seja, os *acontecimentos* vividos pessoalmente" e os "vividos por tabela", que seriam os

> Acontecimentos vividos pelo grupo ou pela coletividade à qual a pessoa se sente pertencer. São acontecimentos dos quais a pessoa nem sempre participou mas que, no imaginário, tomaram tamanho relevo que, no fim das contas, é quase impossível que ela consiga saber se participou ou não. Se formos mais longe, a esses acontecimentos vividos por tabela vêm se juntar todos os eventos que não se situam dentro do espaço-tempo de uma pessoa ou de um grupo. É perfeitamente possível que, por meio da socialização política, ou da socialização histórica, ocorra um fenômeno de projeção ou de identificação com determinado passado, tão forte que podemos falar numa memória quase que herdada (POLLAK, 1992, p. 2).

O ofício de vaqueiro é transmitido de uma geração a outra, e a partir dos relatos orais foi possível identificar que para os vaqueiros existe certa sensibilidade em reconhecer qual, dentre os filhos, herda a habilidade e passa a ser o portador dos talentos de seu antecessor. Em entrevista, Orlando Bernardes de Brito, o mais novo entre os 10 filhos de Durval Bernardes de Brito, vaqueiro fundador da Comunidade Queimada Nova, reconhecida como remanescente quilombola, afirmou que se tornou vaqueiro pelo *"dom de nascimento"*, e que começou como vaqueiro de seu pai, até possuir seu *"pequeno criatório"*. Ele considera que seu primeiro e favorito brinquedo, como vários meninos do sertão, foi um *"cavalo de pau"* (Entrevista, Orlando Bernardes de Brito, 68 anos, 7 de janeiro de 2019), demonstrando que o aprendizado ocorria cotidianamente dentro do ambiente pastoril.

O senhor Ananias Alves dos Santos, de 79 anos, residente na comunidade quilombola Brejão da Gruta, afirmou que se tornou vaqueiro por influência de seu pai, que atuava em diferentes fazendas na região norte e extremo norte do município de Morro do Chapéu:

> *Não foi nem ele que ensinou, viu! É porque ele ia pro campo amontado e eu ia escondido atrás de pé, e aí fui assuntando trabalhar e quando pensei que não, quando cheguei pra dez anos, já tinha aprendido. Aí agora eu fui vestir couro e trabalhar também.*
> [...] *Tudo é pro que nasce. Quem tende ser, já nasce sendo. Agora se fazer, não pode* (Entrevista, Ananias Alves dos Santos, 79 anos, 30 de junho de 2021).

O senhor João Correia de Souza, de 85 anos, residente no povoado de Angelim, localizado a leste da sede de Morro do Chapéu, filho e neto de vaqueiros, afirmou sobre seu aprendizado o seguinte: *"profissão quem ensina é o trabalho. É porque ninguém ensina ninguém a entrar no mato, na carreira pra pegar uma res ou para atalhar, a profissão ensina* né. Ninguém ensina ninguém a trabalhar a campo" (Entrevista, João Correia de Souza, 85 anos, 2 de julho de 2021). Conforme depoimento, toda a família paterna *"era de vaqueiro"* (Entrevista, João Correia de Souza, 85 anos, 2 de julho de 2021).

Esses depoimentos evidenciam que a questão da hereditariedade está atrelada à importância da pecuária no local de residência e às condições materiais em que viviam os sertanejos. Na região oeste do município de Morro do Chapéu, local de atuação do senhor Orlando e do seu pai, Durval Bernardes, a pecuária e a agricultura eram as principais atividades. Segundo o depoente, seu pai se interessava mais por trabalhar na roça e com o rebanho que possuía, com o qual iniciou sua profissão por intermédio de sua mãe, de quem o senhor Orlando afirmou ter herdado o interesse por trabalhar com o gado.

Na região do senhor Ananias, a pecuária era a principal atividade. Os proprietários das terras residiam em municípios vizinhos ou na sede do município de Morro do Chapéu, e aproveitavam as condições naturais, como a proximidade com a Vereda Romão Gramacho, para investir na atividade pastoril. Posto que a atividade pecuária representasse uma das poucas opções para os meninos, outro fator que indica o impacto das condições materiais consistia na saída, ainda na infância, da casa paterna para iniciar a profissão como ajudante em outra fazenda. A vida na região foi descrita pelo senhor Ananias da seguinte maneira: *"Antigamente não tinha certas alegrias, a gente era só pra trabalhar mesmo, vivia que nem catingueiro lascado, né?"* (Entrevista, Ananias Alves dos Santos, 79 anos, 30 de junho de 2021).

Já a família do senhor João Correia atuava em fazendas no entorno do distrito do Ventura, onde, por conta da mineração, havia uma maior diversificação econômica. Segundo relato do senhor João, seu pai atuava como vaqueiro e garimpeiro e sua mãe como costureira. Quanto à agricultura, João Correia de Souza afirmou que seu pai não gostava de praticar. Nesse contexto, os caminhos de João Correia eram mais diversos, como se pode notar pelo seu relato:

> *Uma moça velha que tinha no Ventura queria que eu fosse sentar praça ou ser alfaiate. Eu digo nem quero ser senta praça nem ser alfaiate. [...] Edite fazia tudo pra mim sentar praça. – Quero ver você com a farda do governo. – Eu não quero não, Edite. Eu quero ser vaqueiro, tocador de cavalo, tocador de tudo* (Entrevista, João Correia de Souza, 85 anos, 2 de julho de 2021).

Dessa forma, João Correia pôde ir à escola, sendo incentivado a se tornar um soldado. Atuou também como agricultor, foi negociante de gado para abate, costureiro e consertador de instrumentos para a pecuária. Tudo isso a partir do aprendizado transmitido por sua mãe. O fato de ajudar seu pai, e só começar a atuar profissionalmente a partir de 24 anos, demonstra uma melhor condição de vida e trabalho.

A trajetória de José de Santana Inácio, de 74 anos, que se reconhece como vaqueiro e agricultor, revela que nem todo aprendizado e início de atuação era determinado pela herança familiar, pois também estava relacionado com as condições materiais das famílias. Ele e mais dois de seus irmãos começaram como ajudantes em fazendas de gado. Seu pai e seus avôs, tanto paterno como materno, segundo o depoente, nunca trabalharam com gado:

"Aprendi tudo com o velho que me criou". O motivo que o levou a sair de casa paterna aos 10 anos de idade foi a situação de pobreza em que viviam: *"A gente num pudia comprar roupa, num pudia comprar comida, não tinha remédio, a gente era fraco, sempre era sofrido"* (Entrevista, José de Santana Inácio, 74 anos, 1 de julho de 2021).

As precárias condições econômicas de famílias negras como a do senhor José Inácio podem ser explicadas pelo contexto do pós-abolição, durante o qual, segundo Geilza da Silva Santos (2019, p. 132), "com o fim da escravidão, muitos negros tornaram-se moradores/agregados", pois a abolição não promoveu "melhoria nas condições de vida do negro. Sendo a partir daí que surgem novas formas de sujeições para esses". Essa situação de pobreza e dependência era comum para muitos ajudantes, como é possível observar no relato do senhor Ananias Alves dos Santos acerca de sua época como ajudante: *"eu era de cozinha dos outro, vivia de cozinha em cozinha"* (Entrevista, Ananias Alves dos Santos, 79 anos, 30 de junho de 2021), demonstrando que nessa condição o trabalhador não tinha autonomia.

A prática de acolher meninos e inseri-los como ajudantes de vaqueiro nas fazendas poderia representar o início dos laços de dependência entre os fazendeiros e seus trabalhadores. Segundo o depoente, o proprietário que o acolheu, dos 10 aos 20 anos, "criou" 11 meninos no total. Dentre eles, um foi descrito como filho adotivo, que desempenhava o papel de vaqueiro, e os demais como ajudantes. Interessante notar a separação feita pelo depoente entre "criar" e "adotar". Por outro lado, o vaqueiro e, portanto, filho adotivo, era identificado como irmão, que lhe ensinou parte do ofício.

Vale destacar que durante a escravidão nas zonas pastoris, no período colonial, os trabalhadores escravizados atuavam em condição subalterna ao vaqueiro (SILVA, F. C. T. da, 2002), ou, em uma designação mais ampla, como vaqueiros que poderiam ser livres ou escravizados (SAMPAIO, 2017, p. 137). No contexto pesquisado, a empresa da pecuária absorvia mão de obra de diversas condições sociais, e no caso de algumas das famílias pobres e negras pesquisadas (como as de José Inácio e Ananias Alves Santos), que se integraram nessas novas relações de trabalho, prevalecia o caráter extremamente exploratório.

2.4 Experiências e relações de trabalho

As relações de trabalho empreendidas no ambiente pastoril de Morro do Chapéu, entre 1905 e 1940, estavam relacionadas ao contexto de estruturação das unidades produtivas (fazendas, sítios e pastos), da administração municipal (normatização e cobrança de impostos, cadastro das propriedades e registros de marca de ferro) e da relação destes com momentos socioeconômicos (transformações sociais advindas da exploração da mineração e comércio) (SAMPAIO, 2017). No mundo do trabalho da pecuária, especificamente, foram identificadas, mediante as fontes pesquisadas em Morro do Chapéu, quatro categorias ocupacionais efetivas: o fazendeiro, o boiadeiro, o ajudante e o vaqueiro.

A identificação como fazendeiro se dava em razão do tamanho do rebanho (que deveria ser numeroso), pelo pouco contato direto com o gado e pela quantidade de vaqueiros a seu serviço. Levando em consideração que o gado era criado solto, o valor da fazenda não estava ligado à quantidade de terras, mas a partir das instalações, como a casa de morada, a existência de pastos e o tamanho dos currais. Contudo o principal fator estava relacionado ao tamanho do rebanho. Fazendas e pastos eram classificados em categorias, sendo cobrados os impostos com valores correspondentes (1ª, 2ª e 3ª classes). O critério usado baseava-se no tamanho do rebanho.

A localização da fazenda também era importante, pois deveria estar situada próxima a áreas de soltas e leito de rios. O fazendeiro Dulcério Rodrigues Oliveira foi identificado por todos os vaqueiros entrevistados como "fazendeiro ou *fazendeirão* forte", pelo tamanho de seu rebanho e por possuir três fazendas: no Santana, onde passava o Rio do Santana; no povoado do Espinheiro, área que interligava vários caminhos de passagem de gado; e a Fazenda Nova, às margens do Rio Jacaré na Vereda Romão Gramacho (Entrevista realizada, Eliséria de Oliveira Béu, 88 anos, 26 de abril de 2021; José Reis dos Santos, 73 anos, 29 de junho de 2021; Julindo Bispo do Rosário, 85 anos, 23 de março de 2021). No que diz respeito à atuação política, o historiador Moisés Sampaio destaca que havia uma hierarquia e uma interferência desses fazendeiros na política, ao assumirem ou indicarem subordinados a ocupar cargos públicos (SAMPAIO, 2017, p. 127-128).

Em relação ao acompanhamento do fazendeiro no cotidiano das fazendas, os relatos dos vaqueiros entrevistados revelaram que a sua presença não era constante, mas o momento da ferra, quando o gado era contado e assinalado com a sua marca, só poderia ser realizado na presença do fazendeiro, o que ocorria normalmente a cada um ou dois anos. A marca de fogo, com o símbolo de cada proprietário, e que era de conhecimento dos vaqueiros, legalmente era registrada na Secretaria de Intendência Municipal, e por meio dela se dava o controle do fazendeiro sobre o seu rebanho (BIBLIOTECA PÚBLICA MUNICIPAL CARNEIRO RIBEIRO, Livro de registro de marcas de fogo, 1910 a 1922).

Já o boiadeiro, por sua vez, era reconhecido como um negociante de gado, pois, independentemente da quantidade ou do tempo que o rebanho ficava a seus cuidados, o destino final era sempre a venda. A partir da análise de textos no *Jornal Correio do Sertão* foi possível notar que eles gozavam de prestígio social, principalmente os boiadeiros chegados de outras regiões. Na coluna "Hospedes e Viajantes", anunciava-se a chegada desses boiadeiros, e sempre de maneira cordial.

Figura 8 – Notícia sobre a chegada de boiadeiros em Morro do Chapéu

Fonte: *Jornal Correio do Sertão*, Edição 316, 29 de julho de 1923

Além dos boiadeiros que negociavam maiores volumes de gado, identificado como *recria*, havia os boiadeiros locais que negociavam em menor quantidade. Em todos esses negócios eram contratados vaqueiros para transportar o rebanho (*os tangedores*), para o cuidado do gado até a engorda e nas juntas dos bois para a venda. Nessas atividades, os vaqueiros recebiam em dinheiro a partir do dia trabalhado, sendo mais bem remunerados[14].

O ajudante de vaqueiro era a categoria mais dependente, pois tinha relação com a pouca idade, com a ausência do pagamento nos moldes da atividade e por sua atuação em fazendas não pertencentes à sua família. Configurava-se como uma espécie de aprendiz com pouca ou nenhuma remuneração. Os vaqueiros entrevistados disseram ter iniciado como ajudantes, pela situação de pobreza e dificuldades. Relataram também algumas características dessa função.

---

[14] Conforme relatos dos vaqueiros entrevistados, a diária — ou dia de vaqueiro — sempre correspondia a um valor maior que os demais trabalhos rurais, não havia a contagem rigorosa das horas, o descanso estava relacionado à necessidade de parada do rebanho durante as viagens e no caso de "dar campo", ou seja, localizar e prender reses soltas dependia da luz natural. A contagem era feita a partir de quantos dias o vaqueiro ficava a serviço do boiadeiro ou fazendeiro.

José de Santana Inácio descreveu um cotidiano, como ajudante, de muito trabalho e pouca remuneração, que valeu a pena por ter aprendido a lidar com o gado. Afirmou que recebia como pagamento por seus serviços, tanto na pecuária quanto na agricultura, roupa e comida, além de anualmente uma *mamota*[15]. Após mais de 10 anos de serviço como ajudante e mais um ano como trabalhador temporário, apontou com segurança que recebeu ao longo desse tempo sete *mamotas*, ressaltando que saiu da fazenda com uma, fruto de seu último ano de trabalho, que teria sido o início de seu rebanho. Como a quantidade recebida e o cálculo dos anos trabalhados são divergentes, possivelmente isso pode indicar que em algum momento seu único pagamento foi vestimenta e alimentação.

Já o senhor Ananias Alves afirmou que quando foi ajudante *"quase que não ganhava nada. Comia, bebia, andava"*. Seu trabalho era com gado bovino e caprino. Dessa última atividade, ele recebia a sorte, ou seja, a cada quatro filhotes ele recebia um como pagamento. O fato de trabalhar com gado bovino e não ter remuneração compensava, pois funcionava como um treinamento, assim expressado pelo depoente: *"só foi bom porque trenei"* (Entrevista, José de Santana Inácio, 74 anos, em 1 de julho de 2021). Os ajudantes também prestavam pequenos serviços em várias fazendas, principalmente a pega de bois em soltas ou no transporte de algum rebanho. Após essas situações, pelas narrativas contadas de coragem e grandes feitos, a fama de vaqueiro destemido, que seria útil ao longo de suas trajetórias, começava a acompanhá-los.

Nessa perspectiva, a transição entre ajudante e vaqueiro era definida na contratação de serviços permanentes em uma fazenda ou a um proprietário específico, o que só costumava ocorrer após o casamento. Todos os vaqueiros, exceto os que cuidavam do rebanho familiar, afirmaram que só passaram a atuar como vaqueiro de uma fazenda após o casamento. Entretanto ser ajudante também era algo malvisto pelos familiares da noiva, como no caso do casamento do senhor Ananias com a senhora Valdelice Dias de Souza, filha de vaqueiro que inicialmente não aceitava o casamento. O depoente deu a seguinte explicação: *"Eu trabalhava de ajudante e o pai dela não queria o casamento que disse que eu era de cozinha dos outro, de cozinha em cozinha... De ajudante, aí não queria por isso"* (Entrevista, Ananias Alves dos Santos, 79 anos, 30 de junho de 2021). Nesse sentido, o emprego em uma fazenda como vaqueiro assegurou a permissão dos pais da noiva, e o casamento garantiu a ocupação na fazenda (Entrevista, Ananias Alves dos Santos, 79 anos, 30 de junho de 2021).

---

[15] Trata-se de uma bezerra grande já apartada.

A respeito das relações matrimoniais, cabe ressaltar que o casamento possibilitava aos ajudantes a mudança para o status de vaqueiro, proporcionando, portanto, melhores condições de trabalho e renda. Segundo Sampaio (2017, p. 138), "para que houvesse ascensão econômica de agregados na Chapada Diamantina, era necessário que houvesse uma estrutura familiar estabelecida e funcional". E era a partir da estrutura familiar, não necessariamente nuclear, que a pecuária se organizava. Assim, as dinâmicas políticas, econômicas e socioculturais do ambiente pastoril só podem ser compreendidas por meio dessas estruturas, sejam elas proprietárias ou vaqueiras.

A última e talvez a mais complexa categoria a ser discutida é a de vaqueiros. O termo vaqueiro foi e ainda é empregado na região de maneira indistinta para todos aqueles que lidam com o gado, mas, longe de ser uma categoria homogênea, existem muitas diferenças advindas das múltiplas relações, status e obrigações. A diferenciação entre eles pode ser observada tanto pela ascensão social quanto pela idealização dos feitos e fama dos vaqueiros. Ou seja, as dimensões material e simbólica se entrecruzam para traduzir o que seria um "bom vaqueiro". Dessa forma, se, por um lado, trabalhadores com habilidade, apuro técnico e experiência recebiam melhor remuneração, para ser identificado como tal, por outro lado, havia todo um processo de construção de prestígio social do vaqueiro atrelado à coragem, à honra, à honestidade e à fidelidade.

Entretanto não eram apenas as virtudes individuais que diferenciavam os vaqueiros, pois os fatores sociais também influenciavam sobremaneira. Para entendê-los foram identificados, conforme análise das fontes em Morro do Chapéu, três tipos de vaqueiros que se articulavam: o *empregado*, o *administrador* e o *proprietário*.

O *empregado* era o jovem vaqueiro que, após o aprendizado como ajudante, passava a atuar em uma ou mais fazendas. Os vaqueiros entrevistados que se enquadravam nessa categoria relataram que seu pagamento variava entre o recebimento em dinheiro semanalmente ou pelo sistema de sorte[16], mas na época de seus pais a forma principal de pagamento eram as sortes. Os empregados também prestavam serviços temporários que poderiam durar dias, como a procura de reses perdidas ou a ajuda no transporte de rebanhos, ou ainda em períodos maiores, como cuidar de gado solto perto

---

[16] Sistema empregado desde o período colonial, em que o pagamento aos serviços prestados pelos vaqueiros se dava por meio de um percentual de crias a cada ano, normalmente na proporção de um a cada quatro nascimentos (SILVA, F. C. T. da, 2002).

da fazenda em que trabalhavam. Esses afazeres serviam para complementar a renda, uma vez que, conforme os relatos, os rendimentos pelo sistema de sorte eram muito baixos. Segue o fragmento de um desses relatos:

> *Os vaqueiros de primeiro sempre trabalhavam devendo ao patrão, se apertava tudo fraquinho, só vivia naquela luta, trabalhava a semana toda, lutando com gado ou buscando ou trazendo, levando. Aí envolvia o tempo, quando era dia de sábado para fazer a feira tomava dinheiro ao patrão. Quando ferrava aquele bezerro, já ficava com o patrão, que ferrava de ano em ano* (Entrevista, Julindo Bispo do Rosário, 85 anos, 23 de março de 2021).

Além disso, a descrição das relações de trabalho nesse tempo pouco diferia:

> *Sempre recebia o dinheiro. Os que era empregado recebia aquele dinheirinho, de ir vivendo, sabe. Outros olhava o gado era tirando sorte, olhava de três um, aí viva por conta própria, agora trabalhava no campo, quando era no tempo da ferra tirava um bezerro ou dois, tinha hora que ele já tinha tomado dinheiro ao patrão, o bezerro que tirar nem ferrava, entregava para o patrão, para pagar o débito que ele já tava devendo* (Entrevista, Julindo Bispo do Rosário, 85 anos, 23 de março de 2021).

Em muitas abordagens, o sistema de sorte é entendido como um fator importante de acúmulo de rebanho, sem desconsiderar que em parte, essas análises estão corretas, mas o que se verificou é que em Morro do Chapéu, durante o período pesquisado, o sistema de sorte isolado não garantia a ascensão dos vaqueiros, haja vista que os laços familiares e de solidariedade e os acordos com o patrão também colaboravam nesse sentido. Por outro lado, o relato do vaqueiro Julindo Bispo, a partir das memórias de seus tios vaqueiros, evidencia que esse sistema gerava uma relação de dependência dos vaqueiros com seus patrões (Entrevista, Julindo Bispo do Rosário, 85 anos, 23 de março de 2021).

De acordo com o depoimento do senhor Ananias Alves dos Santos, de 79 anos, que afirma ter começado na primeira fazenda em 1966, aos 24 anos de idade, seu regime de trabalho era no sistema de sorte, a cada quatro bezerros um era seu. Mas o fazendeiro no ato da ferra avaliava e descontava todos os gastos com alimentação e instrumentos de trabalho. Perguntado se depois da avaliação sobrava alguma cria, respondeu o seguinte: "*Sobrava não senhora. Óia, desse trabalho todo foi quatro ano e eu saí de lá com uma bezerra*" (Entrevista, Ananias Alves dos Santos, 79 anos, 30 de junho de 2021). Relatou, ainda, que quando se aposentou, aos 60 anos, possuía um total de duas cabeças adquiridas em todas as fazendas em que trabalhou.

Sobre como era a vida dos vaqueiros empregados, o senhor Ananias Alves apresenta estas explicações:

> Antigamente eu lhe digo com certeza que era igual um cativeiro, se a gente não fizesse como queria, botava a gente pra fora, se lascava de fome que a coisa era difícil, agora hoje tudo é mais fácil. Tanto faz a gente tá, como não.
> [...] Não era respeitado que não tinha quase tempo de andar como a gente é hoje, né. A gente não andava de primeiro, só cuidava da obrigação. Agora hoje não, a gente tem tempo de tudo, trabalha uma hora, quer dizer, quem é dono de si, né? Trabalha uma hora, caminha duas, se adiverti três (Entrevista, Ananias Alves dos Santos, 79 anos, 30 de junho de 2021).

As experiências apresentadas pelos vaqueiros Julindo Bispo e Ananias Alves remetem a uma leitura de Thompson (1987) sobre os conceitos de classe (categoria relacional e fluída) e de consciência de classe. Segundo o autor,

> A classe acontece quando alguns homens, como resultado de experiências comuns (herdadas ou partilhadas), sentem e articulam a identidade de seus interesses entre si e contra outros homens cujos interesses diferem (e geralmente se opõem) dos seus. A experiência de classe é determinada, em grande medida, pelas relações de produção em que os homens nasceram – ou entraram involuntariamente. A consciência de classe é a forma como essas experiências culturais: encarnadas em tradições, sistemas de valores, ideias e formas institucionais (THOMPSON, 1987, p. 10).

Nos depoimentos coletados é possível perceber que as condições de trabalho do vaqueiro e suas relações com o fazendeiro constituíam-se de modo similar à exploração, sistema em que o exercício do trabalho se confunde com o pagamento de dívidas. Essas percepções possibilitam uma reflexão a respeito de um desenvolvimento, ainda que *ex-post facto*, de certa consciência de classe sem, no entanto, resultar na articulação e na ação enquanto classe.

Em fazendas ou rebanhos maiores foi identificado o vaqueiro administrador, principalmente nas fazendas em que o dono residia em outro município. Normalmente assumia essa função um afilhado ou familiar do fazendeiro. Como administrador, ele possuía outros homens a seu serviço. Na pecuária bovina e no trabalho com animais de pequeno porte, e/ou em lavouras da fazenda, os vaqueiros empregados, de modo permanente ou temporário, os ajudantes e os trabalhadores remunerados recebiam a partir do "dia de serviço", conhecidos como *macacos* por não terem ocupação fixa (FERREIRA, J. A. da S., 2018, p. 222).

Nessa categoria, a complexidade das relações se processava de outra maneira, uma vez que, conforme descrição de Medrado (2012, p. 128), o vaqueiro administrador

> Atuava como porta-voz dos interesses de um ou de outro grupo. Em muitas ocasiões o vaqueiro era considerado como braço direito do proprietário e até mesmo a única representação de seu domínio. Por esse motivo se firmou a coincidência entre vaqueiro e procurador. [...] Quanto mais distante estava o dono, mais poderoso era o vaqueiro já que ele acumulava funções e poderes administrativos.

O vaqueiro administrador tinha que ter o respeito de seus subordinados e, para isso, saber lidar diretamente com o gado, expressar as virtudes inerentes ao discurso de quem seria um bom vaqueiro, como a fama, a coragem e o domínio da técnica que o tornava o "Vaqueiro da fazenda". De acordo com o depoimento de José de Santana Inácio, onze meninos foram criados pelo fazendeiro, mas apenas o administrador era identificado como "filho adotivo", aquele que lhe ensinou a trabalhar com o gado (Entrevista, José de Santana Inácio, 74 anos, 1 de julho de 2020).

Segundo Medrado (2012), o prestígio social do vaqueiro, após o fim da escravidão, deveria ser reorientado, uma vez que a hierarquia entre trabalhador livre e escravizado havia desaparecido, o que

> Acentuou a necessidade entre os trabalhadores livres e especializados de reafirmar virtudes que os diferenciassem da mão de obra comum, a fidelidade, a honra da palavra, a coragem, a dignidade e a confiabilidade eram alguns desses valores, e os vaqueiros foram os principais trabalhadores a mantê-los e reforçá-los. Os fazendeiros logicamente tentaram apropriar-se desse discurso a seu favor (MEDRADO, 2012, p. 91).

Aqui se processam as maiores divergências em relação à ideia de fidelidade absoluta e estabilidade. Os conflitos descritos pelos vaqueiros empregados ocorriam muitas vezes com o vaqueiro administrador, que nem sempre conseguia mediar os interesses dos fazendeiros e acabava promovendo a saída dos vaqueiros da fazenda. O senhor Ananias Alves relatou que a saída da primeira fazenda em que trabalhou ocorreu devido ao administrador *"tratar e não cumprir"* (Entrevista, Ananias Alves dos Santos,

79 anos, 30 de junho de 2021). Do mesmo modo, o senhor João Correia de Souza também narrou a sua saída de uma fazenda após divergência com o vaqueiro administrador:

> *Vou sair daqui essa semana. – Por quê? – Digo, eu fiz um contrato com meu patrão assim, olha, se você me pegar numa mentira me justifique a mentira que nós não discuti, eu vou me embora, e se eu pegar na mentira também a gente não vai discutir e eu vou embora. E eu peguei ele numa mentira muito grande. Eu digo ô, vá receber a fazenda, que eu vou sair* (Entrevista, João Correia de Souza, 85 anos, 2 de julho de 2021).

Percebe-se, portanto, que a apropriação do discurso de um "bom vaqueiro" cabia em todos os níveis e hierarquias de trabalho, e os próprios vaqueiros se autoafirmavam por suas virtudes morais. O "trato não cumprido" ou a "mentira" evidenciavam a existência de relações conflituosas, que nesses casos levaram ao rompimento do vínculo de trabalho. Valorizavam, também, as suas qualidades técnicas, e para eles, essas saídas sempre representavam prejuízos para os patrões. Para João Correia, bons e maus patrões e vaqueiros sempre existiram, assim como conflitos entre eles (Entrevista, João Correia de Souza, 85 anos, 2 de julho de 2021).

Por fim, na última categoria de vaqueiro encontrada, as relações e as condições de trabalho e familiares se articulavam mais intensamente: a de vaqueiros proprietários. Inicialmente, cabe salientar que, nesse grupo, os primeiros membros em algum momento foram ajudantes de vaqueiro, vaqueiro empregado ou administrador. A categoria de proprietário, independentemente do tamanho do rebanho, não se confundia no discurso com o de fazendeiro pela razão de que, mesmo dono de seu próprio rebanho, este foi conseguido pela atuação enquanto "vaqueiro de alguém", e por continuar mantendo pessoalmente o trato de seu rebanho, com a ajuda dos filhos, ou mesmo de outros vaqueiros contratados, continuava sendo considerado um vaqueiro.

Quando perguntados sobre os donos dos maiores rebanhos no tempo de seus pais, sempre era apontado pelos vaqueiros entrevistados o senhor Terbuliano, mas também indicavam que não se tratava de um fazendeiro, mas sim de um *"vaqueiro véio, ele era dono de si, vaqueiro do que é seu dele e de sua família"*[17]. O status de proprietário ocorria quando havia a separação, a entrega do gado ao patrão e o apartamento de seu rebanho.

---

[17] Nas entrevistas e no *Jornal Correio do Sertão*, essas expressões eram usadas para indicar e separar o vaqueiro proprietário que não trabalhava para outros.

A possibilidade de acúmulo de gado por uns vaqueiros e não por outros pode ser explicada pelos apadrinhamentos, por características das localidades e fazendas e pelos laços de parentesco. Nesse cenário, as interações ocorriam dentro das famílias pastoris, em que casamentos e batizados eram os melhores momentos de estreitar esses laços. A trajetória de Pedro dos Reis Santos e de sua família ilustra muito bem essa questão. Pedro era filho de um antigo vaqueiro chamado Francisco dos Reis Santos ou Chico de Estrógio, apelido dado aos membros da família Reis Santos — "os Estroges" —, uma numerosa família negra composta por vários vaqueiros, que nos anos de 1900 eram proprietários de terras e gado na Fazenda Morro Velho (Entrevista, Iraci dos Reis Santos, 72 anos, 1 de janeiro de 2020).

A possibilidade de famílias negras acumularem bens estava relacionada à atuação dos vaqueiros na atividade pecuária, em que aquele que possuía "atributos técnicos e práticos, aumentava a possibilidade de obter maior rendimento com a criação e por evitar grandes perdas", ou seja, ser vaqueiro constituía-se como "uma função qualificada e valorizada nos sertões baianos", sendo "exercida por homens livres e escravos" (FERREIRA, J. A. da S., 2018, p. 227). Dessa forma, o fato de o ofício de vaqueiro ser transmitido de forma hereditária serve para explicar como foi possível para algumas famílias negras atuarem nesse ofício e alcançarem rendimentos que seriam convertidos em terras e gado.

Outra análise sobre o tema pode ser encontrada na "versão sertaneja da brecha camponesa", pela qual "a criação miúda (galinhas, cabras) era criada e comercializada livremente", e se configurava como sobras "de escravos, mulheres e crianças", havendo um "número significativo de escravos que criavam cavalos" (SILVA, F. C. T. da, 2002, p. 140). Sendo o cavalo um instrumento indispensável na pecuária extensiva, essa atividade praticada por escravos garantiria bons rendimentos. Ou seja, havia uma "circulação de recursos animais, dinheiro e sortes, na empresa sertaneja. As possibilidades, se não de enriquecimento, mas, de autonomia econômica no interior do sistema eram grandes" (SILVA, F. C. T. da, 2002, p. 140).

No caso da família dos "Estroges", o gado teria sido acumulado por Chico de Estrógio, de quem os familiares têm poucas informações. Esse gado era cuidado por Pedro e por seus irmãos, porém, após uma desavença familiar por conta, segundo relatos, de seu casamento com Vitória Marcolina de Jesus, que era uma mulher branca, Pedro acabou se tornando vaqueiro de Filinto Barbosa na Fazenda Paxola (que hoje corresponde a um bairro de Morro do Chapéu). Vários vaqueiros entrevistados retratam a figura de Pedro como a de um vaqueiro valente, experiente e respeitado por todos, mesmo na velhice. Essas qualidades teriam sido as responsáveis pelo acúmulo de muito gado.

A saída de Pedro da fazenda de Filinto Barbosa marcou a sua passagem para a categoria de vaqueiro proprietário, pois passou a cuidar apenas de seu gado conquistado e possivelmente herdado, junto a seus filhos. No caso da trajetória de Pedro, chama atenção o contrato de trabalho, que era o sistema de sorte, em que, a cada três crias uma era sua. Recebia, ainda, o *alforje*, ou seja, toda a despesa com alimentação ficava a cargo da fazenda. Esse tipo de contrato pode ser explicado da seguinte maneira:

> Mesmo o proprietário tendo que pagar um valor maior a esses vaqueiros experientes, ainda assim era mais lucrativo do que um percentual menor a um novato, o que se explica pela maior produtividade que estas famílias de agregados conseguiam e pela experiência e confiança depositada na relação entre ambos. Um vaqueiro experiente valia muito no mercado regional [...] chegavam a construir patrimônio, porém poucos abandonavam o ofício (SAMPAIO, 2017, p. 140).

Esse mesmo sistema de sorte era empregado nas fazendas em que trabalhavam os vaqueiros da família de João Correia, pai, tios e avô, na região em torno do distrito do Ventura, que pela relação com a mineração proporcionava maiores rendimentos para proprietários e vaqueiros (Entrevista, João Correia de Souza, 85 anos, 2 de julho de 2021).

Bastante mencionado nos depoimentos, outro vaqueiro que se enquadra no critério aqui adotado de proprietário é o senhor Antônio Fernandes de Souza, afilhado do Coronel Antônio de Souza Benta[18]. Quem citava seu nome sempre enfatizava que se tratava do homem de confiança do coronel, junto com todos os atributos destinados aos bons vaqueiros. Possuía gado e terras na Passagem Velha, localizada no centro de áreas de solta, e no Espinheiro, a oeste do município de Morro do Chapéu, local onde passava ou era solto o gado no período de inverno. Essas terras, segundo relatos, foram doadas pelo Coronel Antônio de Souza Benta. Consta, nos documentos das terras analisados, que a posse se deu por ocupação[19], no entanto, as terras

---

[18] O Coronel Antônio de Souza Benta (1868-1945), considerado o sucessor de Dias Coelho no município, possuía várias fazendas de gado e era negociante de carbonato, politicamente foi Intendente (1919 a 1920) e presidente do Conselho Municipal por vários mandatos.

[19] Arrolamento de bens de Antônio Manoel Fernandes n.º 2002/77. Acervo pessoal cedido a esta pesquisa.

da Passagem Velha e do Espinheiro possuíam uma localização estratégica e, portanto, eram valorizadas. O fato de ser vaqueiro e afilhado de um coronel, além das suas habilidades, certamente ajudou na aquisição de seus bens.

Pelo casamento com Maria Marcolina de Jesus, primogênita de Pedro dos Reis Santos, Antônio Fernandes acabou se ligando à família dos "Estroges". A análise dessas uniões evidencia o quanto as famílias vaqueiras se interligavam[20].

Em outro sentido, se, por um lado, os vaqueiros proprietários em algum momento atuavam como agregados, quando ocorria a separação ou aposentadoria, seus filhos normalmente assumiam o cuidado do rebanho familiar. Por isso, muitos vaqueiros, normalmente o filho mais velho, eram encarregados de cuidar do rebanho dos seus pais. Mas nem sempre essas relações eram fechadas. O senhor Joaquim de Santana (João Neto), pai do vaqueiro entrevistado Jailton Santos da Santana, de 71 anos (Didi de João Neto), em alguns relatos dos demais vaqueiros entrevistados, foi apontado como fazendeiro e, em outros, como vaqueiro. Segundo o depoente, a origem do rebanho de seu pai deve-se ao tempo em que ele atuou como vaqueiro de Zé Caboclo (avô de João Neto e bisavô de Didi).

O senhor José Torquato de Santana (o Zé Caboclo) é reconhecido como um dos maiores fazendeiros da região. Seu grande rebanho, espalhado em vários terrenos, ficava sob os cuidados de muitos vaqueiros, entre eles, o seu neto (João Neto), na Fazenda Santo Antônio. Nesse sentido, Jailton Santos afirmou, em entrevista, que o gado de Zé Caboclo era tão numeroso que a *a Ferra de Zé Caboclo durava uma semana* e atraía vaqueiros de várias regiões do município de Morro do Chapéu e de cidades vizinhas. Para demonstrar quão numeroso era o rebanho de Zé Caboclo, seu neto e vaqueiro João Neto chegava a receber 40 crias anualmente, pelo sistema de sorte. João Neto ainda trabalhava juntando os bois da atividade *recria* e, nesses serviços, o pagamento era em dinheiro (Entrevista, Jailton Santos de Santana, 71 anos, 3 de julho de 2021).

A designação fluída de João Neto como vaqueiro e fazendeiro era fruto do seu início de atuação, de seu numeroso rebanho, vindo desse início e adquirido a partir de herança, e graças ao fato de, aos poucos, deixar o gado aos cuidados de seus filhos, visando à estruturação de uma unidade produtiva, a "Fazenda Araçá".

---

[20] Certidão de casamento n.º 11 de Antônio Manoel Fernandes e Maria Marcolina de Jesus. Acervo pessoal cedido a esta pesquisa.

Mais uma vez, a trajetória registrada liga-se à família Reis Santos, "os Estroges", por meio do casamento de João Neto com Elísia, uma das filhas de Pedro dos Reis Santos. Sendo Didi de João Neto um dos frutos desse enlace, ele consegue sintetizar a ligação entre as duas famílias de vaqueiros e proprietários, pois é herdeiro de uma tradição que faz dele um vaqueiro conhecido em Morro do Chapéu. Sobre sua atuação, poderia ser enquadrado como vaqueiro empregado na juventude e como proprietário a partir do gado adquirido pelo sistema de sorte e por todos os outros trabalhos, inclusive em várias fazendas ao mesmo tempo, prestando serviços temporários, visto que, segundo ele, só a sorte não dava conta de toda a despesa do vaqueiro (Entrevista, Jailton Santos de Santana, 71 anos, 3 de julho de 2021).

A foto a seguir, mostra parte da Família Reis Santos: Vitória Marcolina de Jesus, esposa de Pedro dos Reis Santos, seus genros, Antônio Fernandes de Oliveira (Antônio Vaqueiro) e Joaquim de Santana (João Neto), e o seu neto Jailton Santos da Santana (Didi de João Neto). Pela imagem, é possível notar que Vitória era uma mulher branca e que seus genros eram negros, e provavelmente o fato de a sogra posar ao lado dos genros demonstra uma integração familiar.

Figura 9 – Foto de Vitória Marcolina de Jesus com seus genros e netos

Nota: da esquerda para a direita: João Neto, Paulo, Vitória Marcolina de Jesus e Antônio Vaqueiro. As crianças da esquerda para a direita: Jacira, Didi de João Neto e Iraci Reis.
Fonte: acervo pessoal de Godofredo Simplicio (Entrevista, Jailton Santos de Santana, 71 anos, 3 de julho de 2020)

A problematização e o registro das trajetórias de famílias como a dos Reis Santos (os Estrógios) revelam a multiplicidade das relações sociais, o que inviabiliza a cristalização ou folclorização de um tipo específico de vaqueiro. Identificação e representação articulam-se com as memórias e o processamento das várias experiências, que no ambiente pastoril se configura como um quadro diverso de sujeitos e sentidos.

2.5 Dimensão simbólica: solidariedade, habilidade e criatividade

A solidariedade foi apontada por todos os depoentes como fator inerente e necessário ao ofício de vaqueiro, que pode ser observada nas atividades laborais. Muitas eram as situações em que poderiam ser verificados os laços de solidariedade, como no cuidado com o gado. O gado era criado solto em extensas áreas comuns, o que levava algumas reses a se afastarem demais do rebanho e nem sempre os vaqueiros as encontravam, mas, segundo Julindo Bispo, essa não era uma grande preocupação:

> [...] *misturava, mas tudo era ferrado, tudo tinha sinal da orelha. Era como diziam, os vaqueiros eram irmãos uns dos outros. Às vezes eu chegava, por exemplo, tinha um gado, chegava na vereda o gado ia até João Dourado, esse mundo todo. Os vaqueiros de lá dizia, olha tem uma reis sua em João Dourado, tem outra em Ipanema e assim, nem os daqui ia lá buscar, nem os de lá ia buscar aqui, os daqui que prendia, quando era no tempo que ia, trás minha reis de lá pra cá, chegava lá e entregava o dono. Os de lá também entregavam os de cá. Era uma amizade* (Entrevista Julindo Bispo do Rosário, 85 anos, 23 de março de 2021).

Na pecuária extensiva era preciso ocorrer as *juntas de gado*, para a *ferra*[21], que consistia em localizar e prender o gado solto. Eram momentos de descontração dos vaqueiros, quando se reunia vaqueiros de várias regiões para prender o gado e separar os bezerros para ferrar. Os vaqueiros de fora da fazenda não recebiam remuneração, mas a comida e a bebida ficavam por conta do dono do gado — era o chamado mutirão. Se para os vaqueiros isso representa um momento de divertimento, para os fazendeiros consistia numa forma de receber mão de obra não remunerada.

Como demonstrado no capítulo anterior, o gado circulava entre as áreas de solta do município de Morro do Chapéu, mas no verão era transferido para as terras das *caatingas* ou *sertão*, e no inverno o gado ficava no

---

[21] Na pecuária extensiva, o gado era criado solto para identificação dos donos, e os animais marcados a ferro quente como o símbolo do dono do gado.

tabuleiro. Os vaqueiros acompanhavam o gado ou iam esporadicamente para as soltas, para "olhar o gado". Nesses locais, o gado de vários donos pastava junto, mas, segundo os vaqueiros, não era necessário que todos se dirigissem ao mesmo tempo para esses locais, pois diversos grupos de vaqueiros se intercalavam no cuidado de rebanhos diferentes.

Outra ocasião em que havia solidariedade vaqueira era durante as transferências de gado. Havia os locais de pouso onde os vaqueiros eram recebidos sem a necessidade de pagamento, e currais ficavam à disposição dos vaqueiros que passavam, além de serem acolhidos nas casas para pernoite. Rebanhos de diferentes fazendas eram transferidos juntos, e quando o rebanho a ser transportado era muito grande havia a contratação de outros vaqueiros, o que se configurava em excelentes ganhos para esses trabalhadores. Esses momentos eram bastante apreciados pelos vaqueiros, pois representavam o dia de reunir os amigos, de receber a remuneração por seu trabalho e de exibir seus dotes e coragem:

> *Antigamente tinha muita união, hoje não tem mais. Os vaqueiros quando ia tirar gado convidava uns os outros pra ajudar. Quando o gado lá ficava no sertão, os vaqueiros encomendava uns aos outros, se achar tal gado assim, você prende e manda dizer. Era assim ô, uns ajudava os outros, mas hoje não tem mais união não* (Entrevista, João Correia de Souza, 85 anos, 2 de julho de 2021).

Nas narrativas dos vaqueiros, constantemente, estão presentes os relatos da conquista de um grande feito, presenciado por colegas e fazendeiros. O senhor João Correia tinha a fama de *nojento* (excesso de zelo no ofício), devido ao seu conhecimento e à sua maneira de trabalhar (Entrevista, Ananias Alves dos Santos, 79 anos, 30 de junho de 2021). Já o senhor Ananias revelou que seu patrão o chamava de *Terrivi* (Entrevista, Ananias Alves dos Santos, 79 anos, 30 de junho de 2021):

> *O finado Orlando que era vaqueiro desses Rochas, ele me botou um apelido, nois trabalhando lá no tabuleiro, ele um botou o nome de Terrivi. Porque quando eu era vaqueiro eu era vaqueiro mesmo, se saísse e fosse pra pegar tinha que pegar mesmo, porque senão embrabava [sic] e viciava correr. Tinha que correr e era assim* (Entrevista, Ananias Alves dos Santos, 79 anos, 30 de junho de 2021).

Todo vaqueiro conta uma proeza, normalmente o domínio de um boi valente que nenhum vaqueiro conseguia capturar. Essas investidas são sempre localizadas nas memórias da juventude, ainda no começo da profissão. Essa era uma estratégia que visava distinção e conquista de prestígio social.

Medrado (2012, p. 127), citando Teixeira Silva, observa que "para que a fama se espalhasse era necessário que houvesse plateia, torcida, testemunhas que deveriam funcionar como um tribunal da reputação".

Esses momentos eram demarcadores das trajetórias dos vaqueiros e, por isso, bastante apreciados. A ação de juntar, chamar e transportar o gado exigia preparo e apuro técnico, bem como a decifração dos rastros, o conhecimento acerca das paisagens, dos caminhos e dos indícios da presença de animais, a capacidade de domar as reses e impedir que elas ficassem desgarradas e, também, a proeza de amansar cavalos e/ou saber lidar com a montaria eram requisitos de todo "bom vaqueiro". Nessa construção, a vestimenta passa a ter um valor prático de proteção e simbolismo, e, assim, quanto mais gasto e usado o uniforme de couro, mais valente e destemido era o vaqueiro. Em suma, vestir couro é um símbolo de orgulho para o vaqueiro nordestino. A esse respeito, o senhor Julindo Bispo fez as seguintes observações:

> Todo vaqueiro tem um cheiro no corpo, é dos couros, não é do couro da pessoa, é pegado dos couros. O suor do animal, que o vaqueiro deita muito empariado na pá do animal, aquele suor do animal, tinha hora que chega que o suor do cavalo ardia nos meus zóio, eu trabalhava muito no mato era difícil passar a mão e tirar o suor dos zóio. Que vaqueiro que era vaqueiro baixava assim na pá do animal ô, tem que acompanhar a cabeça empariada do pescoço do cavalo porque senão os pau tira. E aí o animal soa muito, aí tem hora que o suor pega na gente (Entrevista, Julindo Bispo do Rosário, 85 anos, 23 de março de 2021).

A indumentária do couro estava, portanto, impregnada na identidade dos vaqueiros, sendo ainda hoje a representação de coragem e destreza desses sujeitos. Outro elemento presente na identidade dos vaqueiros é o *aboio*. Saber aboiar foi e ainda é uma habilidade muito apreciada e valorizada pelos vaqueiros. Nesse sentido, os aboios, como os cantos de trabalho da empresa pastoril, tinham o objetivo de chamar o gado e guiá-lo. O antropólogo Washington Queiroz (2013a, p. 43) ressalta que "o aboio é marca da cultura vaqueira que é eivada de melancolia e o traço marcante da musicalidade do povo sertanejo". Dessa forma, quando em marcha, sempre na *guia* (à frente do rebanho) ficava o vaqueiro mais habilidoso no aboio, e assim os versos eram puxados e acompanhados por seus companheiros.

O senhor Julindo Bispo explicou que os aboios não eram cantos solitários:

*Eu mesmo, eu tocava gado sozinho só fazia raiar, bora, bora...
Agora quando eu tava com outro companheiro eu aboiava, gostava
de aboiar[22] e eu tinha a voz boa, hoje não. Eu perdi os dentes,
porque a pessoa perdeu os dentes a voz acaba. Eu e meu irmão
nóis aboiava, trabalhando em adjunto em roça, cantava muito
boi, já fui muito farrista, cantava muito moda em farra, nós tinha
a voz boa* (Entrevista, Julindo Bispo do Rosário, 85 anos, 23
de março de 2021).

O caráter festivo nos momentos de trabalho foi reforçado pelo senhor
Ananias Alves, para quem "é negócio de animação, aquela brincadeira,
tocando gado na estrada e aboiando ver quem aboia melhor, quem diz
verso mais bonito, ele por isso que a gente aboiava" (Entrevista, Ananias
Alves dos Santos, 79 anos, 30 de junho de 2021). Entre os temas, estava o
dos amores, da saudade das mulheres, dos feitos dos vaqueiros: *"Menina,
tu quer ir vamo/ Não te ponha a imaginar/ Quem imagina toma medo/ E com
medo eu num vô lá* [...] *Sete e sete são quatorze, com mais sete vinte e um/ quem
não sabe ler soletra as paixão de cada um/ Êh... Êh ah... Ôh... Ôh..."* (Entrevista,
Ananias Alves dos Santos, 79 anos, 30 de junho de 2021).

Assim, na construção do imaginário e da estrutura simbólica está presente o aprendizado dos vaqueiros. Segundo os depoentes, o conhecimento
era ensinado no cotidiano de trabalho, com os vaqueiros mais velhos, pais,
tios, irmãos e patrões. Porém só pode ser bem aprendido por aqueles que
possuem o dom de nascimento: *"Tudo é pro que nasce, tudo é pro que nasce.
Quem tende ser, já nasce sendo. Agora se fazer, não pode"* (Entrevista, Ananias
Alves dos Santos, 79 anos, 30 de junho de 2021). Essa era uma justificativa
apresentada pelo senhor Ananias Alves, ainda que involuntária, para conferir aos vaqueiros, qualidades que, sem dúvida, os diferiam dos demais
trabalhadores do campo.

Nessa composição, que perpassa noções de habilidade, criatividade e
identidade, localizam-se também as práticas de cura ligadas à religiosidade.
No entanto, para se entender esse contexto, faz-se necessário identificar,
segundo os depoentes, os "maus e os bons vaqueiros". Para o senhor José
de Santana Inácio, um vaqueiro ruim era aquele que *"corria atrás de uma rês,
ou ele ou mais dois e deixava ir embora, caia, largava cavalo embora, judiava do
gado"* (Entrevista, José de Santana Inácio, 74 anos, 1 de julho de 2021). Nessa
construção, os vaqueiros provavam suas habilidades não deixando uma rês
no mato, mesmo diante de todas as dificuldades na captura. Já para ser um

---

[22] Para o depoente, *raiar* é conversar com o gado, chamar pelo nome, e *aboiar* é cantar versos.

bom vaqueiro, *"tem que zelar do gado, tem que zelar do pasto, zelar dos bezerros, tem que zelar do cavalo"* (Entrevista, José de Santana Inácio, 74 anos, 1 de julho de 2021). O vaqueiro bom, segundo o senhor José Inácio, é o zelador, e é assim que muitas vezes os vaqueiros são chamados.

Nota-se, portanto, que, dentro da relação social de trabalho, as noções de "bons" e "maus vaqueiros" significavam vantagens para os fazendeiros, uma vez que garantiriam proteção e maiores rendimentos a seu rebanho, como também para alguns vaqueiros, conferindo diferenciação e status. Sobre esse assunto, Medrado (2012, p. 158) sustenta que

> Houve também, por parte dos próprios vaqueiros, dos traba-lhadores em geral, dos cantadores, poetas e repentistas, uma intenção difusa de consolidar uma imagem sobre o trabalho com o gado que servisse ao mesmo tempo de paradigma moral, caminho de ascensão social e valorização cultural.

Assim, um dos traços identitários mais simbólicos dos vaqueiros são as práticas de cura por meio de remédios caseiros "do mato" e por rezas e benzimentos. Como os demais domínios, esse aprendizado é fruto da inte-ração com um vaqueiro mais antigo ou um familiar que dominasse esses conhecimentos. Em todos os depoimentos cedidos a esta pesquisa, essas habilidades foram mencionadas.

Segundo o senhor José Reis, Pedro dos Reis Santos conhecia e trans-feriu para os filhos rezas e benzimentos; o senhor Orlando contou que seu pai sabia rezar pastos contra lagarta; o senhor Ananias Alves relatou quais remédios usava para diferentes doenças do gado, as chamadas "garrafadas", ressaltando sua habilidade em rezar contra bicheiras em animais; o senhor José de Santana Inácio informou que era conhecedor de vários benzimen-tos para homens e para animais, conhecimentos transmitidos por seu pai; o senhor Jailton Santana elencou os principais remédios para a cura de várias doenças, explicando como aprendeu a fazer partos difíceis; por fim, o senhor João Correia explicou como curar bicheira em animais a partir da poeira do casco do animal infectado[23].

Essas práticas constituíam-se em conhecimentos muito valiosos em um ambiente em que o saber médico e os remédios veterinários ainda não tinham chegado, por isso prevalecia a necessidade de transmissão. Mas nem todos aprendiam ou se sentiam confortáveis em dizer que dominavam essas práticas, principalmente os conhecimentos ligados aos rituais. No entanto,

---

[23] Essas informações foram colhidas nas entrevistas já referenciadas ao longo do capítulo.

dentre os vaqueiros entrevistados, todos conheciam remédios naturais usados no rebanho, as *garrafadas*, e a maioria sabia algum tipo de reza ou de algum vaqueiro conhecido por este saber.

Essas práticas de cura apresentadas pelos vaqueiros contemplam saberes indígenas e afro-brasileiros, além de elementos do catolicismo popular, possivelmente iniciadas durante o processo de interiorização do gado e transmitidas de uma geração a outra como práticas criadas e recriadas dentro da necessidade do ambiente pastoril. Nessa perspectiva, as curas e rezas feitas contra as bicheiras tomavam como base folhas e cordas naturais, recitando imposições e orações católicas[24]. Segundo Fonseca (2017, p. 117),

> [...] as palavras pronunciadas por meio das rezas, durante a benzedura, são possuidoras de um poder mágico de cura, aliado a isso, deve-se considerar os demais elementos presentes no ritual. As plantas usadas isoladamente, fora do rito de cura, não possuem o mesmo poder mágico-curativo, bem como, as palavras, que pronunciadas fora deste contexto, ou por alguém não especializado nas artes da cura, não surtirão o efeito desejado.

Assim, ser detentor desses conhecimentos conferia, ao vaqueiro, notoriedade e respeito no ambiente pastoril, configurando-se como um importante elemento da identidade dos vaqueiros. A transmissão, por sua vez, evidenciava a importância da memória pelo sentimento de continuidade e pertencimento. Com essas problematizações, registros de trajetórias e informações aqui apresentadas, busca-se construir uma abordagem histórica dos trabalhadores da atividade pecuária, e, para tanto, as narrativas analisadas descrevem o entendimento sobre o ofício de vaqueiro e de seus aspectos socioculturais e raciais. Nessa construção, as representações, identidades e memórias enquanto elementos constitutivos da cultura vaqueira revelam uma multiplicidade de práticas e relações que podem, ou não, ter sido experimentadas em outros sertões.

---

[24] Os vaqueiros João Correia e Ananias demonstraram como eram as rezas e quais instrumentos utilizavam nos benzimentos.

3

AS FAMÍLIAS VAQUEIRAS NO INÍCIO DO SÉCULO XX

Muito do que se escreveu por memorialistas sobre os vaqueiros os caracteriza como heróis solitários e desapegados, uma representação idealizada e simplista que acaba por desconsiderar as diferentes relações nem sempre harmoniosas do vaqueiro em seu meio social. Na medida em que muitas representações estereotipadas propagam a ideia de que a escravidão no sertão teria sido amena e sem conflitos, ou caracteriza os vaqueiros como sujeitos que estabeleciam com os seus empregadores uma obediência cega e uma fidelidade inquestionável, os novos estudos sobre a pecuária começam a desconstruir essas visões idealizadas e a apontar novas abordagens, fontes e sujeitos históricos.

Não obstante, uma lacuna persiste, trata-se da invisibilidade feminina na atividade pecuária, fruto de narrativas situadas no momento de interiorização colonial, que acabaram por cristalizar a figura masculina dos personagens centrais da pecuária. Narrativas que precisam ser problematizadas, uma vez que, à medida que essa atividade se expandia por diferentes regiões e era relacionada a diferentes contextos, a própria dinâmica populacional passou a ser incompatível com essa percepção. Partindo dessa consideração, buscou-se, aqui, conhecer a organização dessas relações familiares a fim de perceber o papel feminino nesse meio.

A presença feminina nos sertões é algo notório, mas pouco se discute acerca do assunto. Esta pesquisa procurou investigar esse aspecto a partir da construção da família vaqueira apresentada na literatura de cordel e na literatura romântica do século XIX. José de Alencar, no livro *O Sertanejo*, ao construir seu personagem principal, relaciona-o à família proprietária, descreve sua afeição pela jovem herdeira. Uniões e casamentos entre o vaqueiro e a filha do patrão são narrativas costumeiras em versos de aboios, além de relatos e memórias de casamentos de muitas mulheres sertanejas, fruto de um primeiro encontro com vaqueiros empregados nas fazendas ou prestando serviços temporários.

A historiografia, no entanto, tardou em perceber as mulheres como sujeitos integrantes e importantes no contexto pastoril. O desenvolvimento e a expansão da pecuária pelos sertões geraram povoamento e a formação de uma cultura própria e com diferentes relações sociais. Com base nessas relações, mais do que sujeitos errantes e solitários, foi construída uma rede de ajuda ora solidária, ora conflituosa, mas muitas vezes centrada nos núcleos familiares. Nesse cenário, a família pastoril entrelaça-se com redes de dependência e solidariedade. Mas nem sempre essa característica é percebida.

Nesse viés, algumas pesquisas identificam essas estruturas baseadas apenas em acordos individuais, o que se configura como uma percepção insuficiente. No entanto, estudos como o de Ferreira (2018) identificam não apenas o Coronel Quintino Soares como possuidor dos bens, mas faz sempre uma referência ao "Casal Rocha Soares". Segundo Sampaio (2017, p. 138),

> [...] para que houvesse ascensão econômica de agregados na Chapada Diamantina, era necessário que houvesse uma estrutura familiar estabelecida e funcional. De maneira geral, as mulheres sertanejas ocupavam um papel extremamente relevante na administração doméstica, cuidando da casa e dos filhos, mas também da estrutura familiar, que não se resumia somente à família nuclear (SAMPAIO, 2017, p. 138).

Dessa forma, a propriedade de terras e gado, a herança e os laços de compadrio demonstram que as famílias, proprietárias ou vaqueiras, tinham seu lugar e função. Nelas, homens, mulheres e crianças, sejam eles donos, aprendizes ou agregados, relacionavam-se, trocavam experiências e buscavam e/ou negociavam relações de poder e vivência.

Para investigar a estruturação dessas relações, a oralidade foi utilizada como fonte principal. Por meio de relatos dos vaqueiros, como Julindo Bispo dos Anjos (84 anos), Orlando Bernardes Brito (70 anos), bem como dos familiares e amigos da senhora Maria Marcolina, conhecida como "Maria Vaqueira", e dos relatos da senhora Eliséria de Souza Béu (87 anos), que conta sua atuação e de seus irmãos e irmãs nos afazeres da fazenda, buscou-se compreender a atuação das mulheres na atividade pecuária. Os registros dessas memórias ajudaram a perceber que as mulheres estiveram, sim, presentes na atividade pecuária, executando atividades no âmbito privado, mas também por meio de trabalhos socialmente destinados aos homens.

De fato, diante da rudeza da vida no sertão, os papéis masculinos e femininos não eram rigidamente definidos, uma vez que preparar alimentos em diferentes circunstâncias, costurar trajes e mesmo roupas, tirar leite para consumo ou para fabricação de queijos e requeijão eram tarefas desempenhadas por todos, conforme a necessidade. Em suma, eram a subsistência e o cotidiano que moldavam as ações dos trabalhadores do campo. Nesta discussão, o que se procura é analisar aspectos importantes da cultura sertaneja pastoril.

A priori, cabe enfatizar que, conforme observa Thompson (1998, p. 22),

> [...] não podemos esquecer que "cultura" é um termo emaranhado, que, ao reunir tantas atividades e atributos em um só feixe, pode na verdade confundir ou ocultar distinções que precisam ser feitas. Será necessário desfazer o feixe e examinar com mais cuidado os seus componentes: ritos, modos simbólicos, os atributos culturais da hegemonia, a transmissão do costume de geração para geração e o desenvolvimento do costume sobre forma historicamente específicas das relações sociais e de trabalho.

Portanto, cultura, costume e ação estão inter-relacionados, conforme destacado nas considerações e problematização dos relatos apresentados neste capítulo.

3.1 A mulher no universo cultural pastoril

Na cultura pastoril, a mulher muitas vezes é representada de maneira idealizada, o que, ao enfatizar qualidades físicas e personalidade submissa, acaba por desconsiderar a diversidade de papéis e relações estabelecidas pelas mulheres. Essa questão pode ser analisada nos poemas, nos aboios (entendidos como cantos de trabalho dos vaqueiros nordestinos) e na literatura de Cordel. O poema a seguir, publicado pelo *Jornal Correio do Sertão*, reflete um perfil nostálgico da "bela moça sem enfeite, eis corada e graciosa no Curral tirando leite". E no segundo poema aparece o moço vaqueiro sempre de partida "para campear", sendo a mulher descrita como a "morena feiticeira" que envia "uma palavra faceira". A palavra, o riso, o olhar da moça acompanham esse vaqueiro na sua jornada.

Figura 10 – Poema "Saudades do Sertão" (Moça)

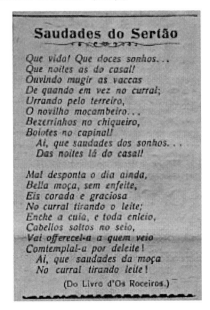

Fonte: *Jornal Correio do Sertão*, Edição 352, 6 de abril de 1924

Figura 11 – Poema "Saudades do Sertão" (Moço)

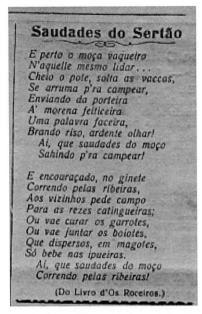

Fonte: *Jornal Correio do Sertão*, Edição 354, 20 de abril de 1924

As longas marchas empreendidas pelo vaqueiro e os afastamentos para cuidar do gado eram cercados de lembranças melancólicas da despedida de uma mulher amada ou de amores proibidos. O sertão de lembranças e saudades tem como atores principais o vaqueiro jovem e destemido e a mulher bonita e singela. O perfil feminino é de uma mulher simples, que está sempre à espera do vaqueiro, cumprindo suas tarefas diárias, entre elas a de tirar leite.

Essa imagem idealizada das mulheres também pode ser observada nos versos de aboios. Nesse sentido, o senhor Julindo Bispo dos Anjos, de 85 anos, em seu depoimento, aponta os versos de aboio como divertimento: *"negócio de animação, aquela brincadeira, tocando gado na estrada e aboiando para ver quem aboia melhor, quem diz verso mais bonito, era por isso que a gente aboiava"* (Entrevista, Julindo Bispo do Rosário, 85 anos, 23 de março de 2021). Os versos, segundo o depoente, *"falava um bando de coisa, alguns davam os versos para as namoradas, outros dizia a voz pra mulher que ficava em casa. Dizendo aqueles versos, aquelas quadras martelas"* (Entrevista, Julindo Bispo do Rosário, 85 anos, 23 de março de 2021). A partir das construções dos vaqueiros é possível entender o que falam do namoro:

> Meninas dos olhos pretos
> Não olhe pra mim chorano
> Tô pensando qu'e eu não te quero
> Contigo tô namorando
> João Santos (56 anos) (BAHIA, 2013, p. 83).

Nesses casos, a beleza da mulher é sempre evidenciada, ressaltando os traços físicos, a pele, os olhos, os cabelos e o sorriso. Quando a afeição tem como desfecho o casamento, a simplicidade da mulher é valorizada:

> A moça pá sê bonita
> Não precisa se trajá,
> Veste seu vestido branco
> Vamo junto pro altar
> Adalgisio Nogueira Nunes (BAHIA, 2013, p. 83).

Nos versos cantados pela senhora Eliséria de Oliveira Béu (Entrevista, Eliséria de Oliveira Béu, 88 anos, 26 de abril de 2021), os papéis femininos estão ligados ao que se espera da mulher no ambiente pastoril:

> *Da vaca eu quero leite, do leite um requeijão,*
> *Do homem eu quero repente, da mulher disposição,*
> *Da menina mais bonita quero um aperto de mão, ô ia ah*
> (Entrevista, Eliséria de Oliveira Béu, 88 anos, 26 de abril de 2021).

Essa disposição citada nos versos reflete a importância dada ao trabalho, especialmente para as mulheres pobres, já que muitas delas pertenciam às famílias numerosas que tinham a aptidão para o trabalho como uma virtude feminina. Nessa perspectiva, Falci (2007, p. 250), refletindo acerca do papel das mulheres sertanejas no século XIX, expõe o seguinte:

> As mulheres pobres não tinham outra escolha a não ser procurar seu sustento. Eram, pois, costureiras e rendeiras, lavadeiras, fiadeiras ou roceiras – essas últimas, na enxada, ao lado dos irmãos, pais ou companheiros, faziam todo o trabalho considerado masculino: torar paus, carregar feixes de lenha, cavoucar, semear, limpar a roça do mato e colher.

Nesta pesquisa, percebeu-se que, assim como no cenário descrito pela autora, no início do século XX, as atividades femininas não ficavam restritas ao ambiente doméstico e de cuidado com os filhos, principalmente por conta da necessidade de produção de alimentos, por meio da lavoura de subsistência, como complemento das atividades pastoris. A característica marcante da pecuária extensiva, que significava grande ausência dos homens em função do trato com o gado, fazia com que os trabalhos femininos fossem diversos, incluindo aqueles ligados à agricultura.

O texto do *Jornal Correio de Sertão* intitulado "No Lar" descreve as normas essenciais para uma boa dona de casa. Esse texto, destinado às mulheres das classes dominantes, aponta como a "boa dona de casa" deveria dar "ordens" e "fiscalizar suas criadas". Essa mulher ideal deveria ser uma dona de casa zelosa, característica que deveria ficar evidente no cuidado com as roupas dos membros da família. Costurar, bordar e orientar pessoalmente os serviços de limpeza da casa eram obrigações necessárias a essa mulher:

> Uma criada não fiscalisada é um ente inutil n'uma casa. Os criados que tem certeza que a ama repara em tudo, interessa-se infinitamente mais pelo seu trabalho do que os que sabem que ella é preguiçosa e desmazelada. E' indispensavel que a dona de casa saiba executar todo o serviço caseiro para não ficar à mercê dos empregados; estes tem um tino especial para descobrir as nossas aptidões domesticas. Nossas inhabilitações nos deprimem aos seus olhos e comprometem a nossa autoridade (JORNAL CORREIO DO SERTÃO, Edição 436, 2 de maio de 1926).

Para Falci (2007, p. 249), "as mulheres de classe mais abastada não tinham muitas atividades fora do lar. Eram treinadas para desempenhar o papel de mãe e as chamadas 'prendas domésticas' – orientar os filhos, fazer ou mandar fazer a cozinha, costurar e bordar". Assim, as atribuições das mulheres das classes mais abastadas estavam restritas, portanto, ao âmbito privado e aos serviços domésticos, perfil que não poderia ser aplicado às mulheres das camadas populares, seja no meio urbano ou rural.

Dessa forma, observa-se que, por um lado, as atividades femininas variavam conforme o meio social em que estavam inseridas e, por outro, possuíam em comum a aptidão para o trabalho (embora para abastadas funcionasse para conferir autoridade frente às empregadas), como característica de uma mulher idealizada. Essas representações tinham, ainda, uma profunda relação com a construção das famílias, pois a mulher estava ligada à família de nascimento: a menina pobre que ajudava os pais e, posteriormente, o marido; a filha do fazendeiro obediente que representava uma espécie de *prenda* ao vaqueiro trabalhador; ou estando casada, a companheira de jornada. Visões que diferem bastante das narrativas que enfatizam as trajetórias masculinas, muitas vezes, individuais e solitárias.

A história do boi Leitão ou do vaqueiro que não mente, fruto da tradição oral e registrado no cordel de Francisco Firmino de Paula, tem como personagens principais um homem de negócios e fazendeiro, sua filha, Deolinda, e seu estimado vaqueiro, Dorgival. A honra do vaqueiro é colocada à prova, e, para tanto, Deolinda deve seduzir o vaqueiro a ponto de ele matar o boi preferido do patrão. É o pai que indica como a filha deve seduzi-lo:

> Vá ricamente vestida
> com lindos trajes vermelhos
> no próximo rio da fazenda
> preste atenção meus conselhos
> vá passear e levante
> a roupa até os joelhos (PAULA, 1973, p. 6).

O objetivo era convencer o vaqueiro Dorgival a matar o boi Leitão para descobrir se o vaqueiro contaria a verdade ao fazendeiro. A cada tentativa frustrada, Deolinda era aconselhada a levantar mais a roupa. A imagem de Deolinda é a de uma filha obediente, de uma "donzela" que cumpria os caprichos de seu pai. Para o vaqueiro, ela é descrita como "minha santa" e "meu anjo"; e, assim, a beleza, o porte elegante e a gentileza da moça acabam por levar o vaqueiro a atender a seu pedido:

> Primeira vez que lhe vi
> fiquei muito apaixonado
> a segunda desejei
> de consigo ser casado
> agora inda mais por ver
> vosso corpo delicado

Creio que a senhorita
É uma donzela honesta
Penso que veio obrigada
Aqui só me fazer festa
Forçar eu cair na falta
Como agora eu caí nesta (PAULA, 1973, p. 10).

Como esperado pelo patrão, o vaqueiro conta-lhe a verdade, e o patrão ganha a aposta que havia feito com seus amigos, e como recompensa permite o casamento de sua filha, Deolinda, com o vaqueiro Dorgival. A filha foi, portanto, um presente dado ao vaqueiro por sua honestidade, e o casamento com um vaqueiro escolhido por seu pai era o destino de Deolinda, o que demonstra o peso que tinha essa figura no ambiente pastoril, e no desfecho da vida das mulheres. Assim, estão presentes no texto a submissão feminina e o recato, pois o casamento funciona, de certa forma, como uma reparação, por conta da exibição do corpo de Deolinda.

3.2 Os papéis das mulheres na atividade pastoril: proprietárias de terra e gado

A família proprietária é retratada na memória coletiva, na literatura e por memorialistas como formada da seguinte forma: pelo fazendeiro, o provedor, homem forte, muitas vezes austero e sábio, administrador de terras, rebanhos e "gentes"; pela mulher do fazendeiro, senhora dócil, bondosa e católica, companheira fiel e submissa; pelos filhos do fazendeiro, jovens afoitos e ansiosos por agradar ao pai e as filhas, retratadas a partir de seus traços físicos, beleza e doçura, joias caras e cobiçadas por muitos. Esse cenário, quase inerte, acaba por silenciar outros papéis exercidos pelas mulheres, inclusive as proprietárias.

Na apresentação do livro *Morro do Chapéu*, do memorialista Jubilino Cunegundes, uma homenagem é prestada aos "que ajudaram no desenvol-vimento do município no exercício de suas profissões", inclusive criadores. Essa homenagem corresponde ao registro dos nomes desses indivíduos, que ocupa mais de duas páginas, e nenhum deles é o de uma mulher, nem mesmo as professoras que atuavam nas escolas (urbanas e rurais) e nas fazendas de criação. Obviamente, esse quadro corresponde ao que é esperado dentro de uma cultura patriarcal, o que se argumenta aqui é que, para se estudar a história desse período, tendo em vista identificar os papéis femininos, o uso de uma diversidade de fontes deve ser o primeiro passo.

Nessa perspectiva, o *Jornal Correio do Sertão* registrou em diferentes matérias quem eram os proprietários da atividade pastoril. Nos lançamentos de impostos municipais (entre 1921 e 1929)[25] aparecem os nomes dos pagadores de impostos por fazendas de criação de várias classes, de pastos para engorda e de chácaras. Nessas listas, muitas mulheres aparecem como donas de mais de uma propriedade de categorias diferentes, demonstrando que nem só de fazendeiros eram compostas as famílias pastoris.

Entre as proprietárias mais citadas estão Maria Oliveira Coelho, Umbelina Coelho, Ana Maria de Jesus, Maria Constança Guedes, Josepha B. Pires, Izabel Ribeiro de Oliveira, Adélia Ribeiro Paraguassú e Ephigênia Reis Santos. Pelo tipo de fonte, não foi possível identificar se o bem foi adquirido por herança ou compra, quem as administrava ou como se estruturava a composição familiar, exceto as que são identificadas como viúvas. No caso da senhora Ephigênia Reis Santos, a partir do cruzamento de fontes foi possível supor que se tratava de uma mulher negra, esposa de Francisco dos Reis Santos, ou sua neta, que possuía o mesmo nome, pertencente à família de vaqueiros proprietários conhecida como Estrógios (como discutido no capítulo anterior, a depender das relações de trabalho, era possível às famílias vaqueiras acumularem terras e gado).

Seguindo esse viés, outra fonte pesquisada foi o Livro de Registro de Marcas de Fogo (1910 a 1923), contendo 100 registros de marcas de fogo (ferros de gado), dos quais foram identificadas um quantitativo de 20 não pertencentes a homens adultos, que foram assim identificados: quatro pertencentes a menores, meninos e meninas, tendo o pai como procurador, o que possivelmente consistia em uma forma de passar parte do rebanho para os filhos, ou poderia representar uma espécie de dote para as meninas; dezesseis pertencentes a mulheres, dentre as quais oito possuíam um familiar masculino como procurador, tio, filho, pai ou esposo, e oito desses registros foram feitos pelas próprias mulheres, o que poderia indicar que elas possuíam certa autonomia sobre seus bens (gado bovino).

---

[25] Foram analisadas várias edições do *Jornal Correio do Sertão* neste intervalo. JORNAL CORREIO DO SERTÃO Ed.190- 27/02/1921, 208- 03/07/1921, 210- 15/07/1921, 247- 02/04/1922, 258- 18/06/1922, 292-23/06/1923, 315- 22/07/1923, 316- 29/07/1923, 352-06/04/1924, 363- 22/06/1924, 387- 14/12/1924, 403- 12/07/1925, 436- 02/05/1926, 444- 25/07/1926, 493- 31/07/1927, 519- 29/01/1928, 525- 11/03/1928, 526- 18/03/1928, 543- 15/07/1928, 581- 07/04/1929, 586- 12/05/1929.

Figura 12 – Registro da marca de fogo de Domingas Maria da Silva em 23 de abril de 1912

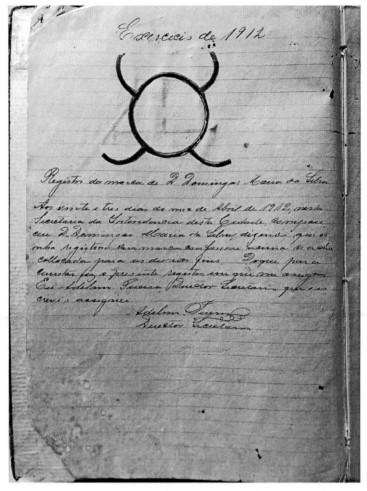

Fonte: Biblioteca Pública Municipal Carneiro Ribeiro, Livro de registro de marcas de fogo 1910 a 1922

O registro apresentado, pertencente à senhora Domingas Maria da Silva, foi realizado por ela em 23 de abril de 1912, e tem ainda mais representatividade pelo fato de não ter sido feito por um procurador, mesmo sendo o ano de 1912 (os outros registros com essa característica ocorreram nos anos de 1918, 1919 e 1923), levando em consideração que a gerência dos próprios bens pelas mulheres foi uma conquista, mesmo que limitada, alcançada a partir do código civil de 1916. Sabe-se que, antes disso, as mulheres solteiras e casadas eram tuteladas, respectivamente, pelos seus pais e maridos, e que as viúvas tinham maior controle sobre seus bens. No que concerne à legislação do período republicano, Melo e Marques (2001, p. 164-165) apresentam estas informações:

> Logo em 24 de janeiro de 1890, O decreto de número 181 determinou, dentre outros dispositivos, que cabia ao marido administrar os bens comuns do casal e exercer a representação legal da família, tal qual a legislação anterior. [...] A primeira Constituição da República, promulgada em 24 de fevereiro de 1891, não conteve nenhum dispositivo com referência expressa às mulheres e incorporou todos os dispositivos do decreto 181. [...] Finalmente, em 1916, foi promulgado o Código Civil Brasileiro. De acordo com o seu artigo sexto, inciso segundo, a mulher casada, enquanto subsistente a sociedade conjugal, era tida como relativamente incapaz para a prática de certos atos. Também havia limitações à maneira da mulher exercer determinados atos de seu interesse. Em outros termos, o Código Civil de 1916 manteve tudo da mesma forma: o marido era o chefe da sociedade conjugal, cabendo-lhe a representação legal da família; tinha o direito [...] de administrar os bens comuns e os que pertencessem à mulher; [...] Uma vez viúva, a mulher que exercesse profissão lucrativa teria direito a praticar todos os atos inerentes ao seu exercício e à sua defesa, bem como dispor, livremente, do produto do seu trabalho (MELO; MARQUES, 2001, p. 164-165).

Assim, a fim de conhecer mais aprofudadamente essa temática, considera-se imprescindível a montagem de um perfil sobre as mulheres proprietárias. No entanto, não foi possível encontrar muitas informações, além dos valores pagos de impostos, nomes das fazendas das quais eram donas, seus nomes e sobrenomes e nomes de alguns familiares. Tentou-se, desse modo, seguir a partir do sobrenome pistas para conhecê-las melhor, e, para tanto, buscou-se os inventários de bens, que se configuram como fontes, sendo possível identificar algumas informações sobre as mulheres proprietárias, sejam elas cessionárias ou herdeiras. Entretanto não houve sucesso. Por ora, os dados colhidos neste processo de pesquisa são relevantes para se investigar e problematizar a exclusividade masculina na atividade pecuária, nos diferentes domínios.

3.3 As secas e o alargamento dos papéis femininos no sertão

As atividades de criação e agricultura nos sertões passavam por ciclos de abundância e de crises, devido aos variados fatores, entre eles, principalmente, as secas. A partir do final da década de 1920, os períodos de secas passaram a ser agravados por crises econômicas e pela escassez da mineração na região de Morro do Chapéu. Nesse contexto, o *Jornal Correio do Sertão* passou a noticiar o elevado número de emigração dos baianos rumo a São Paulo, as péssimas condições de vida enfrentadas pelas famílias imigrantes, a maneira como eram vistos e tratados os trabalhadores e as severas críticas ao governo baiano por não dar garantias de permanência do trabalhador em sua terra (JORNAL CORREIO DO SERTÃO, Edição 586, 12 de maio de 1929).

Nesse cenário, cabe destacar que uma das grandes secas do século XX foi a de 1932, e os seus impactos nas famílias sertanejas correspondem a grandes perdas, ao aumento das ondas migratórias e às ocorrências de famintos e mendicantes nas ruas. Socialmente, infere-se que o papel feminino passou por mudanças. No ano de 1933, o *Jornal Correio do Sertão*, sob o título "Providencias tomadas em favor dos flagelados", noticia o seguinte:

> Uma Commissão, composta das principaes figuras representativas da nossa sociedade, sahiu em campo angariando donativos para serem distribuídos entre os pobres.
> Um grupo de gentis senhorinhas, verdadeiras estrellas da nossa constellação social, sob um sol causticante, esforçou-se extraordinariamente para tão nobre fim, conseguindo grande quantidade de víveres (JORNAL CORREIO DO SERTÃO, Edição 777, 8 de janeiro de 1933, s/p).

Pela escrita, é possível perceber que as mulheres citadas pertenciam a famílias abastadas, e o ato de mulheres saírem em busca da ajuda aos famintos é visto como um gesto de caridade e, portanto, como uma ação própria do sexo feminino; mas também se entende que, de certa maneira, isso se constituía como um ato de protagonismo. Considerando as leituras realizadas de várias das edições anteriores do *Jornal Correio do Sertão*, esta foi a primeira vez que ações femininas foram noticiadas. Antes disso, elas aparecem em casos de violência doméstica, anúncio de festas e editais de casamento. No entanto, as críticas sobre o aumento de participação feminina fora do ambiente familiar são constantes. Dessa forma, cabe, então, questionar a que se deve essa mudança, ainda que bem tímida.

Apesar das mudanças no ambiente pastoril acontecerem mais lentamente que nos centros urbanos em processo de modernização, o contexto de modificações advindo do ingresso da mulher no mercado de trabalho gerava o debate a respeito de qual seria o papel social da mulher. Sobre a temática, Ostos (2012, p. 315) argumenta que,

> Ao longo das primeiras décadas do século XX, todas as controvérsias, propostas e ideias relacionadas com a discussão do papel social e das condições de vida das mulheres brasileiras delimitaram o que então se convencionou chamar de a *questão feminina*. Naquele momento, o país se via, cada vez mais, exposto a um estilo de vida moderno, que acelerava o ritmo das mudanças sociais [...]. A vida das mulheres também se viu afetada pelo avanço contínuo da economia de mercado no Brasil, que desvalorizava a produção doméstica, levando à queda do valor econômico do trabalho feminino realizado em casa. As crescentes necessidades de consumo, que foram então criadas, diminuíam o poder aquisitivo das camadas pobres (grifo da autora).

No entanto, esse novo papel, conforme ressalta Azambuja (2006, p. 83), engendrou significativas reações das esferas mais conservadoras da sociedade de então, estimulando a ideia de que a estrutura familiar iria ser abalada caso a mulher se negasse a desempenhar exclusivamente seu papel de esposa e mãe. Assim, as redefinições dos papéis femininos foram em certa maneira geradas a partir de mudanças sociais e econômicas, mas as mudanças mais significativas no ambiente pastoril só podem ser compreendidas por meio das experiências vivenciadas pelos sujeitos. E as experiências diante da seca se configuraram como elemento norteador dessas mudanças.

Os períodos de seca, especialmente a do início da década de 1930, atingiram diretamente as camadas mais pobres. Esse contexto foi retratado pelo *Jornal Correio do Sertão* (Edições 739, 17 de abril de 1932; 745, 29 de maio de 1932; 757, 21 de agosto de 1932; 783, 26 de fevereiro de 1933) e também aparece nos relatos dos entrevistados para esta pesquisa, além de questões outras, como o surgimento de flagelados pela seca, famintos que vagavam pelas estradas em busca de alimento, e o registro de mortes por fome e do consumo do *bró do uricurizeiro*[26] para saciá-la. Nesse viés, Emily Santos (2014, p. 41), ao analisar a seca de 1932, argumenta que a seca é um fenômeno que atingiu todo o Nordeste, mas que

> [...] seus efeitos manifestam-se de forma diferenciada sobre a população. Essa diferenciação se baseia na capacidade de resistência de determinados segmentos sociais frente aos efeitos da estiagem. Para os grandes e médios proprietários, a seca traz prejuízos em relação à produção, como a perda de lavouras ou diminuição dos rebanhos. Entretanto, para a

---

[26] Farinha extraída do tecido medular do Ouricuri, palmeira nativa dos sertões, (*Syagrus coronata*), de escasso valor nutritivo (ASSIS *et al.*, 1999).

população composta por pequenos proprietários, empregados assalariados ou temporários, a seca se apresenta como o período em que o seu estado de pobreza se agrava e esses caem em estado de mendicância.

Um dos principais aspectos ressaltados quando se discute sobre a seca é a fome. A seca de 1932 desestruturou todo o sistema produtivo rural da região, agravando a situação da grande maioria da população, que já enfrentava dificuldades cotidianamente. Dessa forma, foi necessário, por parte dessa população, a readaptação da rotina dessas famílias, que passaram a buscar nos pouquíssimos recursos que a natureza ainda dispunha, meios para se alimentarem.

Nesse contexto, a fome era o maior desafio da população pobre, gerando o deslocamento de famílias inteiras em busca de alimentos. O memorialista Jubilino Cunegundes assim descreve esse cenário em Morro do Chapéu:

> O desespero rondando os lares em desordem foram abandonando os campos em busca das cidades na esperança de encontrar alimentos para sí e para seus filhos já famintos. E as levas de famílias maltrapilhas, esfomeadas, trazendo no semblante o espantalho da fome, crianças morrendo de inanição nos braços das mães, que já não tinham lágrimas para verter. Algumas delas, aflitas recebendo migalhas de esmolas para satisfazer os estômagos vazios (CUNEGUNDES, 1989, p. 35).

De modo geral, a presença das secas era comum nos sertões nordestinos, mas a de 1932 apresentou-se de maneira extrema e, possivelmente, impactou na identificação da mulher sertaneja. Observa-se que a descrição da "família maltrapilha" está centrada nas figuras das crianças famintas e das mães como cuidadora, o que pode ser relacionado ao contexto discutido por Emily Santos (2014, p. 97):

> Quando os trabalhadores acreditavam não ser mais possível suportar as condições impostas pelas relações de poder baseadas na opressão e na desigualdade, decidiam partir. Essa decisão alterava uma série de questões do seu cotidiano, mudava inclusive a estrutura familiar das pessoas. Nas narrativas da maioria dos trabalhadores foi possível analisar que os deslocamentos das famílias da região de Jacobina apresentavam singularidades, o "retirar-se" era parcial, partiam, em sua maioria os homens, dessa forma, as mulheres, as crianças, os irmãos mais jovens e os pais com idade avançada ficavam.

Dessa forma, as tendências das migrações eram especialmente masculinas, e, como consequência, as mulheres pobres, invisíveis, passavam a ser provedoras de seu sustento e de sua família, o que se configura como uma inversão ou um acréscimo dos papéis femininos, uma vez que, durante e após a seca, na ausência dos homens, as mulheres precisavam garantir a alimentação de suas famílias — possivelmente, esta foi uma das principais razões para o alargamento dos papéis femininos nesse contexto.

3.4 A importância das uniões e dos casamentos

Os casamentos e as uniões não oficiais correspondem à formação inicial dos núcleos familiares. Eles carregam diferentes sentidos e funções, variáveis conforme o meio social, sua dinâmica interna e visão externa. Não é possível percebê-los de forma única, apesar de jovens, fazendeiros, romancistas e poetas terem uma visão particular desses atos. No cenário pastoril, o casamento podia ser uma realidade, uma necessidade para mulheres e homens, acordo para os fazendeiros, ato de rebeldia de seus filhos e filhas, um tema para os romances ou para os aboios e versos de vaqueiros e até mesmo assunto para a imprensa:

> Em troca dos umbús
> Tem sido uma influencia este anno das mulheres casadas deixarem os maridos nesta cidade em troca dos umbús.
> Não é assim que, uma dellas ao voltar, não gostou, porque seu marido achou que, ella devia ter ficado lá mais tempo, havendo com isto *turundundun* dos peccados em accerto das faltas commetidas.
> Esses passeios excessivos aos casados não convém porque, podem trazer algum desfalque no... matrímonio (JORNAL CORREIO DO SERTÃO, Edição 526, 18 de março de 1928, s/p).

Essa nota do *Jornal Correio do Sertão* demonstra que o casamento era considerado uma importante instituição, pois o comportamento, em especial das mulheres, era uma discussão pública. É importante salientar que a "região dos umbus" está a uma distância média de 30 a 60 quilômetros da sede do município de Morro do Chapéu, e no ano em questão os transportes reduziam-se às montarias, haja vista que o primeiro automóvel chegou à cidade em 1928, levado pelo Coronel Antônio de Souza Benta. Essa informação foi noticiada pelo referido jornal, descrevendo que não havia estradas próprias para o automóvel, sendo necessários 15 a 20 homens para ajudar no transporte da estação de trem do distrito do França (município de Piritiba) a Morro do Chapéu (JORNAL CORREIO DO SERTÃO, Edição 525, 11 de março de 1928). Obviamente, não acessível à maioria da população. Assim, o deslocamento das mulheres significava afastar-se dos maridos e das atividades cotidianas em seus ambientes domésticos por períodos superiores a um dia.

Além disso, essa nota contempla uma crítica a esse comportamento das mulheres casadas, demonstrando que cabia à mulher uma conduta esperada, o que a tornava de certa forma responsável pela estabilidade do matrimônio. Em outro sentido, nota-se que a mulher sertaneja tinha seus próprios hábitos, momentos de vivência para além do seu papel como esposa sempre presente.

No que diz respeito especificamente às famílias vaqueiras, sobre a noção dos vaqueiros solitários, o vaqueiro Julindo Bispo dos Anjos, de 85 anos de idade, explicou que, no tempo de seu pai e no seu próprio tempo, *"quase todos eles eram pai de família, quase todos eles, às vezes que tinha um rapaz solteiro, mas logo casava"* (Entrevista, Julindo Bispo do Rosário, 85 anos, 23 de março de 2021). Ao ser perguntado se era importante o vaqueiro ser casado, o depoente assim respondeu:

> *Era, porque logo ele tinha a casa dele, o patrão dava. Os que não tinham a morada, às vezes o patrão dava a possibilidade dele fazer a casa ou tinha a casa do vaqueiro. Quase toda fazenda tinha a casa do vaqueiro, tinha a do patrão e a do vaqueiro né. Ai o vaqueiro sempre tinha a família, tinha filho e criava ali. Mas era uma coisa assim meio desprezada né, meio desprezado* (Entrevista, Julindo Bispo do Rosário, 85 anos, 23 de março de 2021).

A respeito do assunto, o senhor João Correia de Souza, de 85 anos, enfatizou o seguinte: *"quem sabe o que é um vaqueiro, não quer um rapaz sorteiro para ser vaqueiro. Porque o rapaz sorteiro anda pra samba, pras festas e não cuida das coisas certas. O homem casado tem uma obrigação né, sempre tem"* (Entrevista, João Correia de Souza, 85 anos, 2 de julho de 2021). Para ele, esse era um pensamento dos antigos, que o fez inclusive perder trabalhos quando jovem, por ainda não ser casado. No entanto, não confirma se concorda com essa visão, mas considera que era muito difícil um vaqueiro conseguir emprego permanente em uma fazenda sendo solteiro.

O casamento funcionava, portanto, como garantia de estabilidade e responsabilidade do vaqueiro. Ter um rapaz solteiro como empregado representaria maiores ausências em busca de divertimentos, e poderia ter como consequência prejuízos no trato com o gado. Nessa perspectiva, o papel da família e, por conseguinte, da mulher para o vaqueiro era de garantia de amadurecimento do homem, o que reforçava a ideia do homem como provedor e da mulher como cuidadora. Mas, na prática, essa representação não era rigidamente delimitada, visto que muitas vezes a renda de um vaqueiro empregado ou de um vaqueiro pequeno proprietário era complementada com outras atividades, normalmente executadas pelas mulheres, como o cultivo de roças, a criação de galinhas, caprinos e a fabricação de queijo e requeijão.

Ainda sobre as uniões no ambiente pastoril, Sampaio (2017, p. 138) aponta uma característica muito importante:

> A maneira de manter a unidade familiar era dos casamentos endógamos, frequentemente primos se casavam para manter os bens e propriedades dentro das famílias, e com frequência, os novos casais fixavam residência próxima da morada dos pais do noivo, assim o aumento no número de pessoas não representaria um peso, ao contrário, seriam mais braços para o trabalho com o gado.

Essa percepção pode ser observada mesmo no início e na escolha do noivo. O casamento representava para os proprietários a possibilidade de aumentar ou de preservar seus domínios, por isso, se o noivo escolhido fosse do "gosto" do fazendeiro, o futuro genro poderia, por meio do casamento, receber terras para iniciar sua atividade. O senhor Julindo Bispo, ao relatar sobre os fazendeiros mais antigos, citou o caso dos antigos proprietários de uma fazenda onde ele trabalhou:

> O primeiro foi do senhor Aleodório da Limeira, que a fazenda foi do sogro dele, mas era abandonada, aí quando Aleodório casou, pegou esse terreno da Taquara [...] Aí Aleodório casou com Eleninha filha de Ananias do Paraguai, aí ele deu essa parte de terra pra filha, né, deu para o genro mais a filha. Antônio Aleodório fez parte, cercou e beneficiou né, fez muita lavoura, começou a vida lá, que ele quando casou era fraquinho, não tinha nada. [...] O sogro dele já criava gado, mas gado solto no pasto aí. O Ananias tinha um lote de gado, não era fazendeiro forte, mas tinha uma poção de gado (Entrevista, Julindo Bispo do Rosário, 85 anos, 23 de março de 2021).

Mas nem sempre o casamento acontecia de maneira harmoniosa, e nem sempre o noivo escolhido condizia com o que era esperado pelo pai da noiva. Nesses casos, a opção era o roubo consentido da noiva. Essa ação é descrita por Falci (2007) como uma forma de fugir de um casamento indesejado, ou até mesmo poder se casar com um noivo por ela escolhido. Sobre o tema, a autora expõe que, à medida que houve o aumento da idade mínima para casar-se, entre 1890 e 1916, passou-se "a oferecer condições para os jovens contestarem os casamentos forçados" (FALCI, 2007, p. 268). O senhor Julindo Bispo contou sua própria experiência:

> É que as branca era invocada comigo. E teve uma do finado B. aí do Buracão e os avô, os tio ninguém queria e a moça era invocada mesmo. Eu tive na hora de robá ela, só não robei porque ela não teve coragem. Ela me chamou para fugir mais eu. Mas eu não tinha uvido a voz do pai né. Eu falei com ela, vou vê a fala de seu pai primeiro, agora se ele disse não eu tô pronto pru que der e vier (Entrevista, Julindo Bispo do Rosário, 85 anos, 23 de março de 2021).

O caso citado não se concretizou, segundo o depoente, porque a noiva não teve coragem. Perguntado sobre a razão da não aceitação dos pais, ele relacionou-a ao fato de ser ele um homem negro. Quando perguntado sobre ter ocorrido semelhante acontecimento anteriormente, o depoente citou um caso no qual o vaqueiro negro T. B.[27], enamorado pela filha de um importante fazendeiro, acabou raptando-a, o que levou ao casamento. Familiares da noiva afirmaram que o vaqueiro da fazenda T. B. cuidava do rebanho muar e morava na fazenda, onde passou a se relacionar escondido com a filha do seu patrão, à época menor de idade (Entrevista, Eliséria de Oliveira Béu – irmã da noiva –, 88 anos, 26 de abril de 2021). O arremate desse namoro foi o rapto da noiva, que foi levada para a casa do escrivão até completar os dias necessários aos proclamas do casamento, que ocorreu, segundo a certidão, em 1942 (CARTÓRIO DO REGISTRO CIVIL DE MORRO DO CHAPÉU, Registro n.º 37, livro B 17 [1937 a 1942]).

Nota-se, portanto, que a não aceitação por parte dos pais estava relacionada à condição social dos vaqueiros, mas, conforme informações colhidas, o maior peso residia na questão étnica, uma vez que T. B., assim como Julindo Bispo dos Anjos, era negro. Além disso, o fato de duas irmãs mais velhas da família terem se casado anteriormente com vaqueiros, e tendo esses casamentos a aprovação dos pais, reforça essa tese. O perfil de T. B. foi traçado pela irmã da noiva desta forma:

> *Tinha esse vaqueiro, depois ele roubou minha irmã com quinze anos e levou pra justiça no Morro do Chapéu, botou de baixo de ordem, porque ela era de menor [sic], depois com trinta dias que saiu os*

---

27 Optou-se por preservar a identidade do vaqueiro.

> papéis, aí ele casou com ela. Casou e sumiu das vistas de meu pai,
> do povo de meu pai todo, foi morar aqui dentro desses carrascos
> das Alagoas, desses lados aí ô. T. B. era preto, cabelo ruim, porco,
> só vivia nos campos atrás de gado, atrás das éguas e quando tinha
> uma rês morta ele pegava e tirava o couro, chegava lá em casa no
> Santana com as mãos todo melada de sangue velho de carniça, as
> facas tudo melada e eu me danava que a gente carregava água
> na cabeça, aí ia pegar a bacia, botar água na bacia pra ele lavar
> aquelas mãos tudo velha ensanguentada de carniça (Entrevista,
> Eliséria de Oliveira Béu, 88 anos, 26 de abril de 2021).

Os vaqueiros empregados realizavam diferentes atividades a fim de completar sua renda, e o comércio de peles e couros era uma dessas atividades. Dessa forma, quando era encontrado um boi morto, os vaqueiros costumavam retirar o couro para a venda. Em outro sentido, o vaqueiro em questão cuidava do rebanho equino e possivelmente não gozava da mesma notoriedade que um vaqueiro de gado bovino. Toda essa visão pejorativa pode ser notada na descrição do vaqueiro T. B., influenciada pelo caráter racista. Por se tratar de uma família branca e proprietária, um homem negro, sem posses, dificilmente seria aceito como membro. O rapto consentido seria, portanto, uma saída para que o casamento se concretizasse.

Pelo depoimento, ainda é possível identificar que no ambiente rural as atividades domésticas eram desempenhadas pelas mulheres, mesmo aquelas pertencentes às famílias proprietárias, uma vez que a diferenciação de uma família de posses estava atrelada ao tamanho do rebanho e das instalações da fazenda, mas, no cotidiano, homens, mulheres e crianças, mesmo em posições sociais diferentes, deveriam em alguns momentos desempenhar as mesmas funções. Um exemplo disso é o vaqueiro administrador, que, mesmo nessa função, precisava lidar diretamente com o gado e possuir os atributos de um bom vaqueiro como forma de garantir o respeito de seus subordinados.

Importante esclarecer que os casos mencionados ocorreram na década de 1950 e de 1940, respectivamente, estando, desse modo, fora do período pesquisado. Eles foram incluídos aqui (mesmo optando por não problematizar maiores detalhes dos episódios), porque essa prática, segundo Falci (2007) — cuja pesquisa concentrou-se no século XIX, demonstrando que essa prática ocorria em diferentes regiões e épocas dos sertões —, era bastante comum no Nordeste.

De acordo com Vasconcelos (2018, p. 252),

> Thales de Azevedo pontua que fugas e raptos foram muito frequentes nas culturas de vários países latino-americanos no passado sendo que na maioria das vezes visavam o casamento. O homem esperava encontrar sua pretendida virgem, casar-se com ela e ter então resolvido seus problemas com as famílias.

A lógica paternalista da sociedade brasileira, como observada no sertão, é evidenciada pela legislação estabelecida no Código Penal de 1940, segundo o qual o rapto consensual era considerado crime, caso a vítima tivesse idade inferior a 21 anos. Nesse sentido, o crime dava-se por desrespeitar o pátrio poder presente no Código Civil de 1916 (VASCONCELOS, 2018), e a pena para tal ato está exposta nos seguintes artigos:

> Art. 220. Se a raptada é maior de quatorze anos e menor de vinte e um, e o rapto se dá com seu consentimento: pena-detenção, de um a três anos.
> Art. 221. E diminuída de um terço a pena, se o rapto é para o fim de casamento, e de metade, se o agente, sem ter praticado com a vítima qualquer ato libidinoso, a restituiu à liberdade ou a coloca em lugar seguro, à disposição da família (Código Penal de 1940 – texto original) (VASCONCELOS, 2018, p. 249).

Dessa forma, pode-se perceber que a maneira como se davam os casamentos no interior da sociedade pastoril era bastante diversificada, podendo ser pacíficos ou conflituosos, mas estes demonstravam o caráter dinâmico de como as famílias se articulavam. Nesse ambiente, homens e mulheres desempenhavam diferentes papéis que podem ser mais bem percebidos a partir da análise das trajetórias narradas a seguir.

3.5 "Maria Vaqueira", uma entre tantas Marias?

Estão no centro da atividade pecuária a transmissão oral das narrativas de feitos de vaqueiros afamados, indivíduos que se destacaram no ambiente pastoril. Em Morro do Chapéu, muitos desses relatos apresentavam um nome em comum, a senhora Maria Marcolina Fernandes, apelidada de Maria Vaqueira, pelo fato de montar a cavalo e, junto a seu esposo, Antônio Manoel Fernandes, transferir o rebanho da sua propriedade, Passagem Velha, durante a época da "destoca" (período de verão, quando o regime de chuvas propicia pastagens e água na região da caatinga) para a localidade Espinheiro, onde o casal possuía terras, distante aproximadamente 40 quilômetros da primeira. Outra qualidade de Maria Vaqueira consistia em encontrar reses paridas e seus bezerros escondidos.

Nascida em uma família de vaqueiros e criadores, Maria era a filha mais velha de Pedro dos Reis Santos, conhecido como Pedro Estrógio, e de Victória Marcolina de Jesus. O casamento de seus pais ocorreu, segundo relato dos familiares entrevistados, de forma conflituosa, por ter acontecido sem o consentimento das famílias. Victória era uma moça branca e Pedro, membro de uma numerosa família negra, conhecida por Estrógios.

A respeito dessa questão, vale destacar a análise das experiências dos ex-escravos na pós-abolição desenvolvida por Fraga Filho (2006, p. 283), para quem "as escolhas feitas por esses sujeitos foram norteadas pelas vivências comunitárias e pelos laços familiares penosamente engendrados ao longo da vida escrava". Dessa forma, as famílias negras tinham como alternativa criar redes de solidariedade que poderiam ser enfraquecidas por um casamento inter-racial.

O senhor Francisco dos Reis Santos, conhecido como Chico de Estrógio, o pai de Pedro, era um antigo vaqueiro que morava na região da Boa Esperança[28], indo residir em Morro do Chapéu após a aquisição das terras da Fazenda Morro Velho. Sua esposa, Ephigênia Reis Santos, também possuía gado bovino (Entrevista, José Reis dos Santos, 73 anos, 29 de junho de 2021). A família Reis Santos era conhecida como os Estrógios, segundo José Reis dos Santos:

> Esse nome aí é tipo um apelido, porque eles diziam que esses Estrógios é de origem do Senegal, porque meu pai, meu tio Pedro não gostava que se chamasse Estrógio e a gente suponhava porque em 1920 o tio nosso matou esses policiais e aí ficou uma família manjada, qualquer coisa dizia, isso é coisa dos Estrógios, dos negros dos Estrógios (Entrevista, José Reis dos Santos, 73 anos, 29 de junho de 2021).

O episódio narrado pelo depoente foi registrado no *Jornal Correio do Sertão* em 1921 (Edição 190, 27 de fevereiro de 1921). Segundo ele, Zacarias dos Reis Santos foi denunciado como autor da morte de dois soldados. De acordo com o relato de seu sobrinho José Reis, Zacarias era vaqueiro e se desentendeu com os soldados por questões de jogo (os policiais não teriam gostado de perder para um homem negro), e na ocasião teria sido agredido pelos soldados por portar um canivete de cortar fumo. Por ter sido ofendido, desferiu golpes de um punhal que estaria escondido e, após o episódio, empreendeu fuga, mas foi julgado e condenado à revelia; e a família não

---

[28] Região ao sul da sede de Morro do Chapéu.

teve mais notícias de seu paradeiro. Esse episódio é visto pelo depoente como demarcador de uma visão negativa da família, que no período já era proprietária de terras e gado.

O acúmulo de rendimentos e propriedades por famílias negras acontecia devido às especificidades da empresa pecuária. No entanto, mesmo se tratando de uma família proprietária, as tensões raciais não eram eliminadas, e os conflitos ocorriam principalmente pela não aceitação de designações racistas aos membros dessa família. As raízes dos preconceitos e discriminações sofridas pelos negros, decorrentes do longo período de escravização, estavam relacionadas a diferentes atividades econômicas, entre elas a pecuária. Como apontado por vários estudos, o fim da escravidão não significou o fim das desigualdades raciais:

> Mesmo depois da abolição [...] não seria o fim da escravidão, sancionada com a lei de 13 de maio de 1888, que iria trazer melhores condições de vida ao negro. A liberdade não foi sinônimo de igualdade e cada vez mais essa população foi sendo colocada à margem da sociedade. A "liberdade" não resultou em mais igualdade social e até hoje os descendentes dos negros escravizados carregam consigo o peso de uma sociedade excludente e que os inferioriza (SANTOS, G. da S., 2019, p. 123).

Na Fazenda Morro Velho, Francisco de Estrógio atuava, junto aos filhos, como vaqueiro proprietário. Pedro, o filho mais velho, foi o primeiro a cuidar do rebanho de seu pai, mas seu casamento, ao apresentar sua esposa à família, gerou uma reação negativa. Segundo história contada pelos familiares, existem muitas versões desse conflito, que envolveu desde uma surra até a tentativa de castração (Entrevistas, Iraci dos Reis Santos, 72 anos, 1 de janeiro de 2020; Godofredo Simplício dos Santos Freitas, 10 de dezembro de 2018; José Reis dos Santos, 73 anos, 29 de junho de 2021). A partir da reação de Francisco pelo casamento e do apartamento das relações entre pai e filho, Pedro foi residir nas terras da Boa Esperança, onde em 1909 nasceu a primeira filha do casal, Maria Marcolina de Jesus.

Após um tempo, que os depoentes não souberam precisar, Pedro dos Reis Santos voltou para Morro do Chapéu e passou a trabalhar como vaqueiro de Filinto Barbosa na Fazenda Paxola. O senhor José dos Reis Santos, sobrinho de Pedro dos Reis Santos, fez os seguintes comentários:

> *Quando ela nasceu meu pai tinha quatro anos de idade, era o caçula da família... Aí eles nasceu lá na Boa Esperança, mais lá não tinha condições de sobrevivência porque ele lidava com o gado*

> *e tal ai eles retornaram pra aqui, quando chegou naquela época desprevenido de roupa, pobre né, aí essa minha vô que era Efigênia Reis Santos que era mãe dele que criou pai pegou e deu para ela a rede que ele dormia* (Entrevista, José Reis dos Santos, 73 anos, 29 de junho de 2021).

O relato demonstra a precariedade do início da vida do casal, pela atuação de Pedro, até então, como vaqueiro de seu pai, e o rompimento que levou a poucas perspectivas de vida, enfatizando o peso das relações familiares no ambiente pastoril como garantia dos meios de sobrevivência. O gesto de presentear com a rede que servia de berço ao seu filho mais novo, possivelmente, demonstrou, por parte da sogra, a aceitação de Victória Marcolina como membro da família. A Fazenda Paxola passou, então, a ser a moradia do casal, onde tiveram e criaram mais oito filhos. Ainda segundo o senhor José Reis, Filinto Barbosa possuía muito gado, e o acordo de trabalho garantia a Pedro dos Reis a sorte de, a cada três, possuir um bezerro. Além disso, ele recebia o *alforje*, ou seja, a feira semanal. Essas condições eram bastante favoráveis e levaram ao ajuntamento de um expressivo rebanho por parte de Pedro Santos, rebanho cuidado por seus filhos.

E foi nesse contexto que Maria Marcolina de Jesus foi criada, até seu casamento, que ocorreu em 1936[29], com Antônio Manoel Fernandes, vaqueiro e afilhado do Coronel Antônio Souza Benta, com quem morou desde a infância. Após o casamento, Maria Marcolina Fernandes, como passou a se chamar, foi morar junto a seu esposo, inicialmente, na Fazenda Roça Grande, no município de Morro do Chapéu, pertencente ao referido coronel. Posteriormente, passaram a residir na Fazenda Passagem Velha, terras que, segundo os relatos, foram doadas pelo padrinho e patrão. Além dessa propriedade, o casal possuía terras na Fazenda Pau Preto, também doadas pelo Coronel, e a Fazenda Licurí, terras na localidade Espinheiro[30].

Segundo sua filha adotiva, Iraci dos Reis Santos, entre as memórias que sua mãe narrava estava o sofrimento inicial por um casamento imposto por seus pais (Entrevista, Iraci dos Reis Santos, 72 anos, 1 de janeiro de 2020). Sua mãe teria sido escolhida pelo noivo, mas ela gostava de outra pessoa. O consentimento dado ao noivo pelos pais pode ter ocorrido devido ao fato de Antônio Ferreira ser vaqueiro, homem de confiança e afilhado de um coronel, o que representaria um bom partido. De acordo com Falci (2007, p. 256),

---

[29] Certidão de casamento n.º 11. Acervo pessoal cedido a esta pesquisa.

[30] Arrolamento de bens de Antônio Manoel Fernandes n.º 2002/77. Acervo pessoal cedido a esta pesquisa.

> No sertão, a preocupação com o casamento das filhas moças foi uma constante. [...] Tão logo passadas as primeiras regras (menstruação) e a mocinha fizesse corpo de mulher, os pais se preocupavam com o futuro encaminhamento da jovem para o matrimônio. [...] inculcavam na vida feminina a noção da valorização da vida matrimonial e, ao mesmo tempo, imprimiam-lhe uma profunda angústia, caso ela não viesse a contrair casamento antes dos 25 anos de idade.

Conforme a certidão, o casamento ocorreu quando Maria tinha 27 anos de idade[31]. Possivelmente sem opções, devido aos costumes e à obediência devida aos pais, casou-se. No entanto, relatava ainda para a sua filha que, *"com a convivência, aprendeu a amar o seu esposo, pelo companheirismo e parceria"* (Entrevista, Iraci dos Reis Santos, 72 anos, 1 de janeiro de 2021).

No que diz respeito à vida pública do casal, Iraci Reis Santos assim a descreve: *"Meu pai que me criou, era vaqueiro e minha mãe o povo chamava também Maria Vaqueira"*. Isso a influenciou, sem dúvidas, já que o casal vivia montado a cavalo e Maria acompanhava seu esposo na lida com o gado, a exemplo das transferências do rebanho para a área de caatinga na localidade Espinheiro durante os meses de verão. Ainda segundo a depoente, a fazenda tinha outros vaqueiros ajudantes, mas quando estes faltavam era *"ela botava para tirar o leite do gado, essas coisa de tudo ela fazia"* (Entrevista, Iraci dos Reis Santos, 72 anos, 1 de janeiro de 2021). Ao ser questionada se ela "dava campo", ou seja, se buscava reses soltas, uma atividade que requeria apuro técnico pela necessidade de conhecer e saber se localizar nos caminhos de gado, saber reconhecer e seguir os rastros, e mesmo conseguir recuperar as reses, a resposta foi esta: *"Dava, campo pequeno, campo curto, mas dava, tinha o cavalo dela, ela tratava com o gado mais manso"* (Entrevista, Iraci dos Reis Santos, 72 anos, 1 de janeiro de 2021).

"Campo curto" indicava que percorria pequenas distâncias, terras mais próximas da sede, estando sozinha. Mas com o marido *"eles campeavam juntos"*, possivelmente indicando que acompanhada percorria maiores distâncias: *"No tempo de levar o gado para a caatinga, eles iam juntos"* (Entrevista, Iraci dos Reis Santos, 72 anos, 1 de janeiro de 2021). O que foi apurado nas entrevistas é que, sendo a filha mais velha de um vaqueiro e que convivia com familiares também vaqueiros, por seu porte, sempre demonstrava mais habilidade na montaria que suas irmãs mais novas. Sua personalidade é descrita como a de uma mulher determinada que atuava em diferentes funções desde o seu

---

[31] Certidão de casamento n.º 11. Acervo pessoal cedido a esta pesquisa.

casamento com um vaqueiro conhecido e respeitado por todos (Entrevista, José Reis dos Santos, 73 anos, 29 de junho de 2021). O fato de estar sempre acompanhando seu esposo em atividades costumeiramente destinadas aos homens despertava admiração e fama entre seus contemporâneos.

A Fazenda Passagem Velha ficava no centro de uma área de solta, próxima a grandes fazendas e locais de venda de gado, sendo caminho para o distrito de Ventura. Nesse ponto, segundo a dinâmica local, conforme destacado no primeiro capítulo, era grande o fluxo de vaqueiros que soltavam gado nos *taboleiros* no período de inverno na mata, e no período de seca na região das *caatingas*. Dessa forma, além de o casal possuir terras, rebanhos, áreas de roça, possuía também bastante contato com vaqueiros de várias regiões, o que explica a fama de Maria Vaqueira em seu tempo e posteriormente. A solidariedade entre os vaqueiros, descrita pelo senhor Julindo, em que os vaqueiros tinham lugar certo de acolhida, água e alimentação, fazia da casa de Maria um local de abrigo bastante procurado. E o conhecimento com a família a tornou uma pessoa querida e respeitada (Entrevista, Julindo Bispo do Rosário, 85 anos, 23 de março de 2021).

Apesar de o casal não ter tido filhos biológicos, e talvez por isso mesmo, a casa estava sempre cheia de afilhados, além dos vários sobrinhos e sobrinhas acolhidos, dois meninos conhecidos como Miúdo e Dorival, que depois de adultos passaram a ser os vaqueiros da fazenda. Muitos se referem à Maria como tia Cotinha, pois ela fazia questão de estar rodeada por seus sobrinhos, chegando a comprar uma casa na sede do município, com a renda da sua criação de caprinos, das atividades agrícolas e da venda desses produtos, como frutas e verduras, para abrigar os seus vários sobrinhos durante o período de estudo. Entre esses sobrinhos, adotou Iraci, filha de seu irmão João dos Reis Santos. Godofredo Simplício dos Santos Freitas assim a descreve: *"ela não teve filhos, apesar de eu considerar a mãe do mundo né porque ela arrebanhou muitos sobrinhos aqui na sede para estudar dentro da casa dela"* (Entrevista, Godofredo Simplício dos Santos Freitas, 55 anos, 10 de dezembro de 2018).

A imagem construída pelos relatos é a de uma mulher forte, gestora da família ao lado do marido e dotada de afetividade e empatia. Essa visão pode ser observada quando sua história se cruza com a das senhoras Crispiana e da sua filha, Pituxa. Pouco se sabe sobre essas mulheres, apenas que moravam nas serras no entorno da Fazenda Passagem Velha, não possuíam rendimentos e viviam de raspar a plaina[32] e extrair a cera para

---

[32] Arbusto comum em terrenos rochosos cujo caule, segundo os moradores locais, era raspado para a fabricação de enchimentos para selas e cera.

vender ou aproveitar couros de gado morto. Segundo relatos, elas sempre foram ajudadas por Maria Vaqueira, e a senhora Iraci Reis afirma que *"elas eram protegidas por minha mãe"* (Entrevista, Iraci dos Reis Santos, 72 anos, 1 de janeiro de 2020).

A senhora Ana Laranjeira dos Santos, de 88 anos, filha de um empregado da fazenda vizinha e que conviveu com a senhora Maria Marcolina, descreve-a da seguinte maneira:

> *Todo mundo só conhecia ela por Maria Lebre ou então Maria Vaqueira todos.*
> *Ela era igual a um homem essa Maria Vaqueira, era muito disposta e as outras irmãs nenhuma era [...] Mas Maria Vaqueira ela topava tudo. Ela montava num animal, ia pro campo, quando Antônio Vaqueiro não tava, ia buscar o gado, prendia, apartava, acho que até leite ela tirava* (Entrevista, Ana Laranjeira dos Santos, 88 anos, 31 de janeiro de 2021).

Além de lidar diretamente com o gado, plantava roças de café, mandioca e frutas e fazia requeijão. Sendo seu marido vaqueiro, as ausências eram constantes. Pela descrição de suas atividades, infere-se que ela lidava diretamente com o gado mais manso e com as reses paridas que precisavam de um cuidado maior, e que pastavam nas proximidades da casa. O fato de maridos e esposas serem conhecidos pelo mesmo apelido é um costume no sertão: seu esposo carregava duas alcunhas, as de Antônio Lebre e Antônio Vaqueiro; por conseguinte, sua esposa era conhecida como Maria Lebre e Maria Vaqueira. Mas o apelido Vaqueira não parece ser apenas pelo casamento, haja vista que ela realizava atividades não costumeiramente realizadas por mulheres em seu tempo.

Outra informação dada pela senhora Ana Laranjeira corrobora essa visão. Na época de transferência do rebanho, Maria seguia na *guia* e seu esposo atrás, junto aos demais vaqueiros. A guia era a posição de destaque, que servia para indicar o caminho para o rebanho, e nessa posição se chamava bastante atenção durante o percurso. Assim, a fama de Maria Marcolina, a mulher vaqueira, ultrapassou a região onde morava, ultrapassou os seus conhecidos e o seu tempo de ação, e foi justamente o conhecimento sobre sua história que despertou o interesse em conhecer o papel feminino na pecuária.

Inicialmente, a seguinte pergunta foi feita aos vaqueiros: "Havia mulheres que atuavam na pecuária"? Como expresso, as entrevistas com os vaqueiros objetivaram registrar suas memórias, transmitidas por seus pais, tios, aqueles que também lhes legaram seu ofício. Entretanto, considerando a história de Maria Vaqueira, foi lhes perguntado também sobre suas mães, o que rendeu boas conversas e lembranças. A esse respeito, o senhor Orlando Brito, vaqueiro do povoado Queimada Nova, região oeste do município, respondeu sobre a exclusividade do trabalho masculino na pecuária:

> *Exclusivamente para o homem, agora derna (sic) dessa época já existia mulher que ela tem o dom que deus deu a ela que só deus toma que ela também já fazia parte dessa luta aí também. Só não no campo pegano gado lá no campo, mas com a luta de depois dele em curral, depois dele pra levar numa manga e trazer de um pasto, aí sim, mulher que tinha um dom ela já participava também nessa época* (Entrevista, Orlando Bernardes de Brito, 68 anos, 7 de janeiro de 2019).

O senhor Orlando citou sua mãe como detentora desse "dom":

> *Moça eu conheci assim porque eu nasci de uma, minha mãe chamava Maria Jesus de Brito e minha mãe já lutava com os animais. Quando a gente tinha um gadinho que era mais, o gado mais mais por causa de minha mãe, meu pai era mais pro lado da roça, da zona rural é que ele era mais agricultor e ela é mais pecuarista. Quando eu digo que tudo é um dom, agora ela montava cela, montava em cavalo, ela não ia para o campo pegar boi, mas ela amarrava bezerro ela tirava o leite de uma vaca. Então dessa mulher pra cá aqui acolá a gente via aquelas que de dado por Deus [...]. Não só de hoje como de antes* (Entrevista, Orlando Bernardes de Brito, 68 anos, 7 de janeiro de 2019).

Maria Lebre também é citada:

> *Conheci e tinha com o gado na propriedade dela e campiando e ficava semana com essa mulher e a gente falava muito e a gente aprendeu com ela é de um tempo mais antes e a gente se dava mais antes e agente se dava muito [...] E essa Maria Lebre era uma história porque o marido dela eu não conheci não foi mais no meu tempo, Antônio Lebre, mas ela eu pude muito falar com ela e ela era uma mulher vaqueira, quando eu conheci ela não foi ao campo mais ela já tinha suas histórias como foi deixou para todos que conheceu que ouviu falar da história da senhora Maria Lebre na Passagem Velha* (Entrevista, Orlando Bernardes de Brito, 68 anos, 7 de janeiro de 2019).

A sabedoria de Maria, conforme descrição do senhor Orlando, poderia estar relacionada ao fato de ela ter sido benzedeira, principalmente de crianças. Essas mulheres no sertão eram bastante respeitadas. A senhora Ana

Laranjeira afirmou que *"não gostava, mas benzia"*, e ela tinha a *"obrigação"* de manter o altar dos santos, onde fazia suas orações e recebia aqueles que a procuravam (Entrevista, Ana Laranjeira dos Santos, 88 anos, 31 de janeiro de 2021). O benzimento é descrito por Fonseca (2017) como "práticas domésticas de cura". Segundo a autora,

> Tendo em vista a comunicação com o sagrado, para curar o corpo e a alma do consulente, a benzedura vem sempre acompanhada de uma oração e em alguns casos, o benzedor ou benzedeira, também utiliza alguns objetos sagrados, como terço, bíblia, além de água, velas, ervas, cordões, etc. O método utilizado, bem como, o modo como estes sujeitos concebem o seu ofício – enquanto um aprendizado, adquirido a partir da observação e transmissão do conhecimentos pelos mais velhos, ou enquanto um dom, uma missão divina, aprendida através de experiências místicas – podem ser compreendidos, a partir da inserção destes agentes no universo da cura (FONSECA, 2017, p. 78-79).

Segundo José Reis dos Santos, a habilidade de Maria Marcolina foi herdada de seu pai, Pedro dos Reis Santos, que transmitiu esse conhecimento para seus filhos e filhas. Ele fazia rezas inclusive destinadas à cura de animais (Entrevista, José Reis dos Santos, 73 anos, 29 de junho de 2021). Interessante é que a transmissão foi indistinta para homens e mulheres, mas nem todos da família passaram a ser detentores desse saber (Entrevista, José Reis dos Santos, 73 anos, 29 de junho de 2021).

Segundo Fonseca (2017, p. 57), "quando se busca quem benze, a questão é sempre elaborada no feminino, partindo-se do pressuposto de que as mulheres são majoritárias neste ofício". Na pecuária, por outro lado, era comum que os homens aprendessem rezas que seriam utilizadas no trato com o gado, o próprio aprendizado de Maria se inicia pelo seu pai. Ao se considerar as práticas adotadas pelos homens, pode-se dizer que as rezas eram mais direcionadas à lida com os animais, visando curar as bicheiras, afastar as lagartas dos pastos, além de rezas contra mordidas de cobra; já as mulheres realizavam práticas de cura no âmbito doméstico e familiar.

Todas as características e atividades desempenhadas por Maria a tornaram um sujeito singular. A trajetória dessa personagem pode ser identificada como a de uma mulher negra que muitas vezes ousou adentrar os espaços considerados exclusivamente masculinos. Entende-se, assim, que a "singularidade é o pretexto para analisar práticas mais abrangentes [...].

A relevância da personagem se constrói" (SECRETO, 2014, p. 8-9). Desse modo, o estudo das experiências de Maria tornou possível compreender como se processavam as relações sociais no ambiente pastoril e quais papéis eram desempenhados pelas mulheres dentro das estruturas familiares.

Figura 13 – Foto de Maria Marcolina de Jesus

Fonte: acervo pessoal de Godofredo Simplício

Ademais, cabe ainda questionar: havia outras mulheres que, assim como Maria, ampliavam o espaço doméstico e lidavam diretamente com o gado? As entrevistas sugerem que sim. Percorrendo a trajetória de Maria Vaqueira, para saber sobre a história das mulheres na pecuária, foi perguntado inicialmente aos homens, que responderam e narraram os diferentes papéis femininos. A resposta estava ali, a pergunta é que ainda não havia sido formulada. O senhor Orlando, como mencionado, fez questão de reconhecer o papel de sua mãe, Maria, por ela possuir o "dom" e incentivar nos filhos o gosto pela lida com o gado (Entrevista, Orlando Bernardes de Brito, 68 anos, 7 de janeiro de 2019).

Nos depoimentos do senhor Julindo Bispo dos Anjos é possível identificar a existência de *"mulheres que trabalhavam quase como se fossem homens"* (Entrevista, Orlando Bernardes de Brito, 68 anos, 7 de janeiro de

2019). As mulheres vaqueiras mencionadas por Julindo são de uma época anterior, e quando se referia ao que era contado usou expressões como *"ouvi dizer, mas não conheci", "só conto dos outros, né"*, por não serem da época em que atuava como vaqueiro e por se tratar de memórias contadas por muitos, o que, possivelmente, causava estranheza. Nas entrevistas, essas afirmações eram feitas com certa reserva e desconforto, e as informações eram dosadas. Inicialmente, afirmou que, quando os maridos saiam para o campo, *"as mulheres que ficava resolvendo tudo em casa. Também se chegasse vaqueiro de fora se arranchava em casa era mesmo que ser tudo de dentro de casa"* (Entrevista, Julindo Bispo do Rosário, 85 anos, 23 de março de 2021). Quando perguntado se nas famílias apenas o marido lidava com o gado, emitiu a seguinte resposta:

> *Sempre só era o marido. Agora só, ouvir falar de um senhor, S.*[33] *aqui do lado da Mônica, que diz que as fiá vestia couro e ia para o campo mais o pai, trabalhava mais no campo. [...] Só conto dos outros, né. Esse homem diz que era muito brabo, preverso com as filhas, judiava muito das filhas, diz que as filhas trabalhava quase igual aos homens* (Entrevista, Julindo Bispo do Rosário, 85 anos, 23 de março de 2021).

Do indivíduo e da família citada existem localmente várias histórias, mas não foi possível contatar membros que pudessem identificar ou registrar mais informações. No entanto, o senhor Julindo Oliveira Bispo citou outra família: *"E Dulcero aqui do Santana. Dulcero era um fazendeiro forte, era meio brabo com as filhas também, queria que as filhas fizessem o que os homens fazia. Ele tinha filhos homens e queria que a filha fizesse também quase igual"* (Entrevista, Julindo Bispo do Rosário, 85 anos, 23 de março de 2021).

Para o depoente, as mulheres que trabalhavam na pecuária sofriam *"maltrato"*, devido à dificuldade do serviço. Ao citar as duas *"famílias que os pais colocavam suas filhas para trabalhar"* na pecuária, considerou que o faziam por *"ignorância"*, dada a dureza do trabalho de um vaqueiro, acreditando que as mulheres que o executam estavam sendo penalizadas (Entrevista, Julindo Bispo do Rosário, 85 anos, 23 de março de 2021). A visão de Julindo sobre a lida com o gado se distancia muito de visões românticas, pois o seu dia a dia como vaqueiro, as memórias contadas de dificuldades passadas por seus tios vaqueiros e as péssimas condições de trabalho com jornadas extensas e exaustivas — conforme discussão desenvolvida no capítulo anterior — representam uma mistura do que lhe foi contado por seus antecessores e sua própria experiência de vaqueiro empregado em uma fazenda de criar.

---

[33] O nome citado na entrevista foi omitido para preservar a identidade do indivíduo e de seus familiares.

Sobre as famílias sertanejas pobres e negras, sofrimento é a palavra mais utilizada pelo entrevistado para descrever suas vivências. Ao ser perguntado sobre a vida de seu pai, Julindo dos Anjos, teceu as seguintes observações:

> *Sempre foi vida de sofrimento. Sempre só contava sofrimento. Que minha mãe logo minha vó morreu, a mãe de minha mãe, meu avô ficou as fia tudo pequena, aí foi tudo criada pelas casas dos outros, tudo sofrendo. Meus tios, minhas tias foi criado tudo, pode dizer atoa, sofrendo muito. A minha mãe mesmo veio, minha família é do lado da Mônica, Várzea Nova, esse mundo aí. Minha mãe veio pra aqui, aí ficou por aqui, assim de casa em casa. Uma tia minha, veio aqui pra o Morro, finado Guimarães foi quem criou minha tia, Anália, era mulher de Pedro Mendes. E aí teve um que foi pra América. Só conta sofrimento, só contava sofrimento mesmo* (Entrevista, Julindo Bispo do Rosário, 85 anos, 23 de março de 2021).

Essas considerações podem ajudar a entender o próximo aspecto da fala do senhor Julindo Bispo: a maneira como via Maria Marcolina, a quem ele chama de Maria Lebre. Quando perguntado sobre as histórias de que ela trabalhava com o esposo nas atividades pastoris, ele afirmou o seguinte:

> *Não, ela era muito disposta, muito distinta. Mas ela trabalhava mais negócio de roça, ela ficava em roça. Antônio Lebre sempre ficava no campo, daqui pra aculá e ela ficava administrando as roça. Rocinha pequena, porque nesse tempo o povo não tinha roçona não, era rocinha pequena. Só para arrumar o que comer, não era para negócio* (Entrevista, Julindo Bispo do Rosário, 85 anos, 23 de março de 2021).

Nas unidades produtivas, sítios e fazendas era comum a existência de roças para abastecimento interno, e as ausências dos vaqueiros que acompanhavam o gado por longos períodos determinavam que seus familiares cuidassem da plantação. Assim, mulheres e crianças trabalhavam na agricultura, plantando produtos que constituíam a sua dieta, como mandioca, milho, feijão e frutas, que eram os principais produtos cultivados (Entrevista, Ana Laranjeira dos Santos, 88 anos, 31 de janeiro de 2021).

Essas atividades não causavam grande estranheza no ambiente pastoril. Para Sampaio (2017, p. 139), no sertão da Bahia,

> O papel feminino não é somente de subserviência cega ao marido, mas de controle doméstico que era de grande valia à ascensão familiar.

> Além dos cuidados com a casa, era função feminina manter em ordem todo o andamento do sítio enquanto o marido estava fora (o que acontecia frequentemente). Controlava não apenas a dispensa, na prática era a mulher que controlava todas as finanças internas para que não faltassem alimentos para todos. Cuidar das plantações, ainda que de subsistência e dos filhos menores, representava o espaço de poder feminino.

Dessa forma, observa-se essa visão do entrevistado sobre o trabalho de vaqueiro e sua proximidade com a família, uma vez que ele era afilhado de Antônio Fernandes (Antônio Vaqueiro), podem, possivelmente, explicar a razão de considerar sua esposa, Maria Marcolina, uma mulher muito *"disposta"*, que lidava com a terra, mas não com o gado. Em seu relato, transmite a informação de outras famílias cujas mulheres trabalhavam na pecuária, sendo sua opinião sobre tal fato uma possível explicação por não relacionar "Maria Lebre" a essa atividade. Para ele, esse era um trabalho pesado, incompatível com o braço feminino, daí o uso de termos como *"maltrato"* e *"pais ignorantes"*. Essa visão foi, provavelmente, construída a partir de memórias e juízos coletivos sobre essas mulheres e suas famílias, razão pela qual ele não permite relacionar a esposa de seu padrinho a essa representação.

A partir das indicações feitas pelo senhor Julindo Bispo, chegou-se à senhora Eliséria de Souza Béu, de 88 anos, inquieta e orgulhosa de sua trajetória como mulher, que não se reconhece como vaqueira por não vestir couro, mas que não esconde o orgulho de dominar o gado no curral e no pasto. Sobre o medo da lida com o gado, ela teceu os comentários transcritos a seguir:

> *Eu nunca tive nem de boi nem de vaca, nem de nada, eu já peguei um bezerro de uma vaca braba, na barba dela, que ela sacudia a barba assim em mim e a baba caia toda em mim, e eu pá, pá, pá no chifre dela ô, batendo. A mão segura no bezerro de baixo das pernas, e batendo no chifre da vaca com o cacete na outra mão* [risos] (Entrevista, Eliséria de Oliveira Béu, 88 anos, 26 de abril de 2021).

A senhora Eliséria era filha de Dulcério de Souza Oliveira, um importante criador de gado da região. Seu rebanho circulava por suas três fazendas: no Santana, a 10 quilômetros da sede de Morro do Chapéu; no Espinheiro, 25 quilômetros distante da sede, caminho próximo da divisa entre os municípios de Morro do Chapéu e Cafarnaum; e na Fazenda Nova, na região oeste limite do município, às margens do Rio Jacaré na Vereda Romão

Gramacho. Tinha uma prole numerosa, casou-se quatro vezes. No primeiro casamento, com a senhora Candinha, teve nove filhos; viúvo, ele casou-se e teve mais nove filhos; novamente viúvo, casou-se com Maricota, com quem teve mais seis filhos. Desta se separou e passou a viver com Lídia. A depoente era a penúltima filha do segundo casamento (Entrevista, Eliséria de Oliveira Béu, 88 anos, 26 de abril de 2021).

Nascida em 15 de fevereiro de 1933, na Fazenda Santana, contou em pouco mais de uma hora de entrevista partes de sua vida e suas visões de mundo com um jeito particular de visitar seu passado, que pelo entusiasmo lhe parece muito caro. A família de Dulcério era vista pelos antigos como aquela em que as *"mulheres trabalhavam como os homens"*. Em sua narrativa, afirma que *"vivia com todo mundo, todo mundo trabalhando junto, lutando junto, tirando leite junto, fazendo requeijão junto, botando água no lombo do jegue junto, tudo era junto. Não tinha distância de pessoa. Quem tocasse para fazer o serviço tinha que fazer"* (Entrevista, Eliséria de Oliveira Béu, 88 anos, 26 de abril de 2021). Das atividades na pecuária, segundo a depoente, apenas as irmãs mais novas do terceiro casamento não praticavam (Entrevista, Eliséria de Oliveira Béu, 88 anos, 26 de abril de 2021).

Nas famílias sertanejas, o trabalho era executado por todos. Com o depoimento da senhora Eliséria foi possível registrar a trajetória das mulheres, os trabalhos realizados por elas, a visão que tinham da atividade pastoril a partir de suas próprias palavras. O cotidiano relatado era o de uma família sem distinção entre homens e mulheres, adultos e crianças:

> *Também, antes de ir para roça cuidava do gado, tinha três homens, aliás, quatro, mais uns que era mais pequeno, e aí o que foi crescendo foi também ajudando os outros, era tudo na roça, gente pequeno, gente grande, tudo. [...] O gado, eu laço gado, eu tiro leite de vaca mansa, de vaca braba, boto o bezerro pra arriar na mão da vaca, tudo isso eu faço, tempo da ferra, eu ferrava bezerro, laçava, entrava para dentro do curral e laçava bezerro, uns trezentos bezerros que tinha para ferrar. Todo ano, todo ano e a gente era no pé, ali mais meu pai e meus irmãos* (Entrevista, Eliséria de Oliveira Béu, 88 anos, 26 de abril de 2021).

Nas fazendas de Dulcério, assim como na maioria, eram criados pequenos animais como porcos, galinhas e rebanhos de equinos, e praticada a agricultura que fornecia a alimentação da família. Durante o período da seca, segundo a depoente, conforme histórias transmitidas pelos mais velhos, o cenário mudava drasticamente:

> *A seca de 32, o povo nem farinha achava pra comprar, então fazia beiju na panela de ralar mandioca no curral, e fazia beiju na panela pra comer com feijão. Lá mesmo, lá casa fazia beiju na panela, relava a mandioca no ralo e fazia beiju na panela, pra comer com feijão. Lá em casa mesmo aconteceu. E teve gente que disse que batia coisa de licurizeiro pra tirar o brô pra comer com feijão também* (Entrevista, Eliséria de Oliveira Béu, 88 anos, 26 de abril de 2021).

Dessa forma, era a diversificação de atividades que garantia a alimentação da família, não só em épocas de seca. Nota-se que a depoente relata a dificuldade da família em comprar alimentos por não os encontrar no mercado, o que revela que se tratava de uma família abastada. Diante desse quadro, a produção da fazenda era a responsável por suprir as necessidades da família. Por conta disso, as diferentes atividades realizadas nas fazendas aumentavam os serviços executados pelos filhos e filhas. As mulheres, no entanto, além do trabalho na agricultura e pecuária, executavam os trabalhos domésticos: "*A fama nossa, das filhas de Dulcério que nem homem fazia, serviço de homem, serviço de mulher, eu acho que era nós mesmo, eu não vi falar de outras pessoas não*" (Entrevista, Eliséria de Oliveira Béu, 88 anos, 26 de abril de 2021).

A pecuária, entretanto, era a principal atividade desenvolvida pela família. Nas lembranças da depoente, o rebanho era muito grande, e nas entrevistas com os vaqueiros o nome de Dulcério sempre aparecia como o de um dos principais fazendeiros do município. Provavelmente por conta disso, o cotidiano da lida com o gado é bastante significativo para a depoente:

> *Sobre as pessoas que têm coragem de lutar, de trabalhar mesmo de vaqueiro é uma vida perigosa, porque eles arriscam a vida demais. Eles pegam bicho brabo no meio do tempo, sem curral, sem nada e derruba, e assenta em riba, se for pra capar, capa o boi, se for pra botar chocalho, bota chocalho, aí no meio do tempo, sem ter ajuda de ninguém, só a ajuda de Deus* (Entrevista, Eliséria de Oliveira Béu, 88 anos, 26 de abril de 2021).

Nesse cenário, percebe-se a distinção entre os homens e as mulheres da família Oliveira, pois nas fazendas havia sempre vaqueiros contratados que executavam os serviços mais externos, como a apartação e o cuidado com o gado criado solto. Essas funções também eram desempenhadas pelos filhos crescidos. Uma vez no curral, nos pastos e áreas cercadas, o cuidado e as atividades com o gado eram funções de todos, inclusive das mulheres, que prendiam as vacas paridas, apartavam bezerros, domavam bezerros, amarravam e laçavam as reses, tiravam leite e ferravam e davam remédios, chamados de "garrafadas".

Além das atividades citadas, as mulheres ajudavam nas transferências do gado da Fazenda Santana para a Fazenda Nova, participavam cuidando das reses paridas e das mais lentas, que eram as mais atrasadas no rebanho. Para fazer esse trajeto era preciso atravessar a sede do município e pernoitar ou na cidade ou na Fazenda Espinheiro, que ficava no meio do caminho. E foi nesse trajeto que as filhas de Dulcério acabaram ficando conhecidas (Entrevista, Eliséria de Oliveira Béu, 88 anos, 26 de abril de 2021).

Em relação à visão exposta pelo vaqueiro Julindo, de um pai que obrigava as filhas a serviços pesados, nas memórias de sua filha, ele (pai) aparece como um companheiro atencioso. Ela encara com naturalidade seus afazeres, pois a família tinha muitos filhos, que ela chama de "filharada", e muito gado, cabendo a todos a divisão dos afazeres, mas reconhece que, para alguns, isso era motivo de admiração e espanto:

> *Todo mundo via, e não era só eu da irmandade, as filhas de Ducero tudo era gente trabalhador da roça, não era só eu não. Agora os trabalhos que pertencia mais do curral, que era mais dedicada no curral era eu. Era Adeta minha irmã que mora em Goiás, ela já está velhinha, ela é mais velha que eu um ano. Ela já tá velha também. Ela tirava muito leite também, fazia muito serviço, quase que nem eu mesmo* (Entrevista, Eliséria de Oliveira Béu, 88 anos, 26 de abril de 2021).

O fato de trabalharem junto aos homens, segundo a depoente, gerava inúmeros elogios. Entre eles, lembrou-se dos comentários de uma senhora durante conversa com seu pai: "*Que meninas trabalhadeira essas filhas tua, eu queria que meus filhos casassem com umas meninas dessas, não com essas bufa gamba daqui do Morro do Chapéu! - Bem assim ela falou pra meu pai*" (Entrevista, Eliséria de Oliveira Béu, 88 anos, 26 de abril de 2021). Segundo a depoente, os elogios recebidos ocorreram por ela ter acordado cedo e tirado leite, mesmo sem a solicitação do pai. Assim, o que representaria uma mulher "bufa gambá"?

Como mencionado, à medida que as necessidades de consumo aumentaram a partir do século XX, os trabalhos domésticos foram se desvalorizando, mas, no ambiente urbano de uma pequena cidade do interior, as possibilidades de ganhos para as mulheres eram escassas. Assim, possivelmente as mulheres que viviam e atuavam no campo podiam representar o ideal de mulher "trabalhadeira", e esse era o primeiro passo para ser considerada uma boa moça para o casamento.

Contudo não era a vontade de Dulcério que suas filhas se casassem, o que pode significar uma fuga do perfil traçado anteriormente, que vê o casamento como uma forma de preservar ou aumentar as posses. Por outro lado, por ser uma família numerosa, essa necessidade poderia não representar uma preocupação.

Outra questão sobre o casamento das filhas consistia na escolha do pretendente ideal: *"por medo de casar com gente ruim, de casar com gente que não desse o casamento e tornar a largar, e daí pronto. É o que acontece hoje em dia. Mas na hora que resolveram casar, casaram todo mundo"* (Entrevista, Eliséria de Oliveira Béu, 88 anos, 26 de abril de 2021). Alguns autores expõem o casamento como "um compromisso familiar, um acordo mais do que um aceite entre os esposos" (FALCI, 2007, p. 256). A família estudada sugere que essa caracterização não era uma regra nos sertões. Vale ressaltar que, entre os noivos, três eram vaqueiros e um dos casamentos ocorreu após o rapto consentido, questão já discutida (Entrevista, Eliséria de Oliveira Béu, 88 anos, 26 de abril de 2021).

Assim, a trajetória da senhora Eliséria de Souza Béu e de suas irmãs é bastante representativa no processo de demarcar a variedade de perfis femininos que se distancia de visões generalizantes de fragilidade das mulheres sertanejas. Na comunidade em que vive atualmente, a senhora Eliséria é reconhecida como uma mulher singular, já foi homenageada nas festas, cantou e aboiou em missas de vaqueiro. Apesar de tudo isso, quando perguntada se ela se considerava uma mulher vaqueira, a resposta surpreendeu:

> *Eu não me considero uma mulher vaqueira porque eu nunca peguei boi pelo cabo e derrubar e nem peguei pelo campo pra derrubar pra sentar em riba, mas no curral, eu era vaqueira, era vaqueira, mas nunca vesti gibão, nem perneira* [risos]. *Só aboiava chamando as vacas de tarde* (Entrevista, Eliséria de Oliveira Béu, 88 anos, 26 de abril de 2021).

Existe, portanto, um ideal do que é o vaqueiro presente no imaginário: do bom vaqueiro, destemido e corajoso nos campos, no trabalho com o gado solto. Por não exercer essa função, mesmo lidando com o gado bravo ou manso no curral, montando em cavalo e, muitas vezes, caindo deles, cuidando das vacas paridas e medicando-as, se não participava do que viria a ser a vaquejada, não se reconhecia como vaqueira, ainda que por humildade.

Mas, conforme os vaqueiros entrevistados, o bom vaqueiro sabe aboiar: *"desde nova que eu aboio, eu era quem prendia as vacas de tarde, as vacas comia era solta, e eu ia pra vacas pra vim para o curral"* (Entrevista, Eliséria de Oliveira Béu, 88 anos, 26 de abril de 2021). Seus versos falam do proceder de um vaqueiro, da base familiar, das idas e vindas dos vaqueiros:

> *O vaqueiro que é bom vaqueiro montando no seu alazão*
> *Com seu guiado na mão com seu cachorro tubarão*
> *De manhã cedo pra tirar o leite primeiro tem que lavar as mãos, ô ia ah*
> *Eu gosto de vaqueiro e amo e quero bem, por que meu pai era vaqueiro e meus irmãos também*
> *Quem não gosta de vaqueiro não gosta de mais ninguém, ô ia ah*
> *Vamo gadinho pro sertão, vamo...*
> *Arriba a gaia limoeiro que eu quero tirar limão*
> *Quero limpar uma mágoa dentro do meu coração*
> *Quero limpar uma mágoa dentro do meu coração, ô ia ah*
> *Arriba a gaia limoeiro deixa meu gado passar, meu gadinho vem de longe eu preciso viajar*
> *Em cima daquela serra tem uma fita embalançando, não é de pé não é nada é os vaqueiros que vai chegando*
> *Não é fita e não é nada é os vaqueiros que vai chegando, ô ia ah* (Entrevista, Eliséria de Oliveira Béu, 88 anos, 26 de abril de 2021).

As memórias registradas demonstram que existiam diferentes perfis femininos, principalmente no interior das fazendas, no cotidiano e nos trabalhos. As distinções não eram rigidamente demarcadas. Por outro lado, a partir dos depoimentos, uma característica liga essas mulheres vaqueiras. Elas não usavam couro, seu traje era composto pelo culote, uma calça larga, confeccionada com tecidos grossos como o brim, que não permitia a percepção do desenho do corpo feminino: *"aquilo ali naquele tempo era para não vestir calça de homem, para não mostrar as pernas lisas, mostrar o xixi, aí vestia aqueles culotão frouxos, que era pra ninguém ver nada"* (Entrevista, Eliséria de Oliveira Béu, 88 anos, 26 de abril de 2021).

O traje de couro era uma vestimenta imprescindível para o trabalho do vaqueiro, por conta da vegetação e do trabalho executado. No entanto, Queiroz (2013b, p. 39) enfatiza o caráter simbólico, uma vez que ele se configura para o vaqueiro "como um dos signos mais notados e reconhecidos, sua principal referência, e todo o arsenal de couro e metal por ele e a partir dele criado", sintetizando, portanto, "o ofício do vaqueiro".

Dessa forma, se, por um lado, as atividades executadas pelas mulheres, em sua maioria, restringiam-se ao curral e aos pastos, não havia a necessidade do uso do couro, mas, por outro, nas marchas e transferências também realizadas por elas, o uso de uma vestimenta tão simbólica, representativa da destreza, coragem e masculinidade, era um limite que elas possivelmente não ousavam transpor. Perguntada sobre o uso do couro pelas mulheres da família, a depoente Eliséria Oliveira enfatizou o seguinte: *eu nunca vesti couro não. Quem vestia couro era meus irmãos*" (Entrevista, Eliséria de Oliveira Béu, 88 anos, 26 de abril de 2021).

Nesse sentido, cabe mencionar um processo criminal datado de 1872 e movido por Honório de Souza Pereira, que teve como réus Quintino de Souza Lobo, Florentina Joaquina dos Prazeres e Luís (escravo do réu), referente ao furto de um boi, e como testemunhas vários vaqueiros, inclusive os do próprio réu. No depoimento, Honório de Souza Pereira afirmou que o réu, Florentina, e o escravo Luís tinham o hábito de furtar gados soltos por "criadores e soltadores de boiadas", e que, por conta disso, seria "indispensável a punição do Suplicado, do seu escravo e de sua amásia Florentina de Tal. Esta consta até andar no campo encourada e vaquejando com o suplicado". Joaquim Tomaz Ferreira, uma das testemunhas, confirmou a história contada por Honório, enfatizando "que Florentina de Tal estava encourada a cavalo junto com seu amásio" (FÓRUM MUNICIPAL CLÉRISTON ANDRADE. Seção Judiciária. Processo Crime contra Quintino de Souza Lobo, 1874).

Em outro momento, o vaqueiro Joaquim Tomaz Ferreira afirmou ter visto a chegada de Florentina com o réu "vestida de um gibão". Em seu testemunho, Cassiano Batista acusou o alferes Quintino Lobo dos roubos anteriores, mas em relação à Florentina encourada respondeu "que nunca viu, porém ouviu dizer que ela ajuda". O vaqueiro Estrógio dos Reis Santos relata como o boi foi morto por Quintino e Florentina, mas quando perguntado sobre como "Florentina de tal costumar andar encourada a vaquejar gados com ele (Quintino), respondeu que não sabia" (FÓRUM MUNICIPAL CLÉRISTON ANDRADE. Seção Judiciária. Processo Crime contra Quintino de Souza Lobo, 1874). Dessa forma, infere-se que a postura de Florentina dos Prazeres era conhecida por muitos, mas havia certo desconforto por parte das testemunhas, principalmente vaqueiros, no fato de uma mulher atuar junto ao homem utilizando uma indumentária de couro.

A singularidade de Florentina dos Prazeres residiu no fato de uma mulher ser conhecida por andar vaquejando encourada. Na sentença, os réus foram inocentados por falta de provas e pela não legitimação dos testemunhos dos vaqueiros (FÓRUM MUNICIPAL CLÉRISTON ANDRADE. Seção Judiciária. Processo Crime contra Quintino de Souza Lobo, 1874). A defesa da ré foi embasada justamente na roupa usada por Florentina:

> Passando pois, analisar os depoimentos das mais testemunhas vê-se que está exuberantemente provado que ela vieram a juízo depor forçadas [...] e são totalmente contraditórias entre si, e apreciando-se o primeiro depoimento da testemunha (Joaquim Ferreira dos Santos) observa-se que se contradisse inteiramente quando disseram que tinha encontrado a acusada encourada, e na reinquirição ora diz que encontrou-a paletó preto, ora diz que encontrou-a de gibão (FÓRUM MUNICIPAL CLÉRISTON ANDRADE. Seção Judiciária. Processo Crime contra Quintino de Souza Lobo, 1874).

Joaquim Ferreira dos Santos foi o único vaqueiro que afirmou o fato de Florentina andar encourada. Os outros vaqueiros ou não mencionaram o fato ou, como Estrógio dos Reis Santos, confirmaram apenas sua participação na morte do boi e o seu envolvimento com o réu, mas não o uso da indumentária nem a prática de vaquejar. No entanto, ainda que não tenha sido comprovada, a singularidade de Florentina residiu no fato de, além de vaquejar, o fazer vestida de couro, que representava a bravura, a destreza e a habilidade dos vaqueiros — um ato tão chocante que possivelmente levou à sua absolvição. E o fato de haver rumores, demonstra que a existência de mulheres, como ela, poderia representar conflitos dentro de uma ordem preestabelecida como masculina.

Esse processo chama atenção pelo testemunho do vaqueiro Estrógio do Reis Santos, demonstrando que as relações entre senhores e vaqueiros nem sempre eram harmoniosas. Outro aspecto de interesse é o nome e o sobrenome do referido vaqueiro, que se supõe ser parente de Maria Vaqueira, uma vez que ela era neta de Francisco dos Reis Santos, conhecido como Chico de Estrógio, provavelmente tratava-se do bisavô ou de um tio de Maria Vaqueira, por ser costume o vaqueiro carregar em sua alcunha o nome de seu pai, mãe ou de um familiar notório.

Apesar de acontecido em momento anterior ao recorte temporal estabelecido para esta pesquisa, esse processo é aqui apresentado a fim de problematizar os papéis femininos e seus desdobramentos na cultura sertaneja, e ainda visando evidenciar que as mulheres vaqueiras existiram em diferentes épocas, demonstrando que o universo cultural dos vaqueiros nem sempre pode ser considerado exclusivamente masculino. E como se trata de uma atividade de cunho hereditário, a análise das relações familiares é imprescindível para a compreensão da estrutura pastoril. Assim, a presença feminina no sertão pastoril foi uma realidade, mas para a historiografia os espaços ocupados por elas precisam ser mais problematizados. Quantas Marias, Elisérias, Domingas e Florentinas existiram nos sertões? Suas trajetórias foram registradas? Seu protagonismo e dinâmicas foram considerados? Em suma, as mulheres sertanejas correspondem a sujeitos históricos permeados de silêncios, generalizações e incompreensões, e as trajetórias registradas neste e em outros trabalhos representam parte dos esforços acadêmicos empreendidos para se conhecer e tornar conhecidas suas histórias e a própria estrutura pastoril na qual estavam inseridas.

CONSIDERAÇÕES FINAIS

A atividade pecuária foi decisiva na ocupação e no repovoamento dos sertões. No entanto, a interpretação da fase inicial dessa atividade não pode ser aplicada aos diferentes períodos e contextos. Em Morro do Chapéu, entre 1905 e 1940, duas modalidades da pecuária como cria e recria se entrecruzavam e se articulavam com outras atividades econômicas e com distintas conjunturas sociais, culturais e políticas. Cabe ressaltar que os momentos de desenvolvimento e crise não impactaram da mesma maneira essas categorias.

Nesta pesquisa, por meio das fontes, foi possível agrupar três períodos da atividade pecuária: incremento, crise e recuperação. O incremento estava ligado principalmente ao desenvolvimento da mineração de diamante e carbonato, entre 1905 e 1925, ao aumento populacional e à diversificação econômica (instalação de empresas que atuavam no ramo de comércio). Nessa perspectiva, a partir dos dados obtidos, das receitas e dos balancetes, bem como das colunas do *Jornal Correio do Sertão*, analisou-se o desenvolvimento da pecuária durante esse período, considerando a crescente chegada do gado para a engorda e o aumento dos negócios realizados nas fazendas Tapera, Veredinha e Santa Úrsula. A esse respeito, constatou-se que as receitas da Vila do Ventura eram muito superiores às da sede do município de Morro do Chapéu, o que foi um indicativo de como a mineração atuou nesse sentido. Para os vaqueiros, essa fase de prosperidade significou maiores possibilidades de ganho com as juntas e a transferência dos rebanhos por conta da instalação de fazendas no entorno do distrito do Ventura.

A segunda fase, entendida como crise, ocorreu entre 1926 e 1933, e foi percebida, inicialmente, pela diminuição de gado transportado para o município, referente à modalidade recria, por conta dos conflitos políticos no período, como o clima de instabilidade ocasionado pela atuação de vários levantes, que na região ficaram conhecidos como "os revoltosos". Nesse sentido, a diminuição da mineração e, possivelmente, o enfraquecimento dos políticos ligados a essa atividade geraram instabilidade política interna, e os antigos chefes políticos ligados à pecuária e liderados por Teotônio Marques Dourado Filho começaram a disputar o poder, o que culminou no desmembramento do distrito de Caraybas em 1926, atual Irecê. No *Jornal Correio do Sertão*, esse contexto ganhou destaque, ao passo que houve uma diminuição na publicação das notícias sobre o gado. Porém os impactos na pecuária foram mais decisivos a partir da seca no final dos anos 1920, sintetizada na seca de 1932. Os períodos de seca eram comuns na região, mas a de 1932 foi mais significativa pela intensidade, duração e por incidir junto ao enfraquecimento da mineração, ligada ao contexto da crise mundial de 1929.

Desse modo, as duas modalidades responderam de maneira diferente ao enfraquecimento de suas atividades. Os negócios realizados com o gado transportado de outras regiões sofreram um decréscimo desde 1926, que foi intensificado com a seca. Esse fator pode ser explicado pela própria natureza dessa atividade, que consistia na compra e venda de gado magro. Para auferir lucros, era muito importante a existência de pastos e água para a engorda. E um longo período de seca (1928 a 1933) inviabilizou tal atividade.

Por outro lado, a escassez de alimentos levou à necessidade de maior cuidado com a agricultura e à tentativa de maior produção para os rebanhos locais. No período identificado como recuperação pós-seca (1933 a 1940), os boiadeiros deixaram de soltar o gado nos *taboleiros* de Morro do Chapéu e passaram a negociar diretamente com os locais de feiras de gado, como Mundo Novo, Jacobina e Feira de Santana. Era o final da recria no município de Morro do Chapéu, como foi noticiado pelo *Jornal Correio do Sertão* em 1935.

Para a modalidade de cria, essas novas necessidades geraram intensificação no cuidado dos rebanhos e dos pastos e a adoção de incentivos públicos financeiros. O vaqueiro, nesse contexto, passou a ter um papel decisivo, pois dependia dele o cuidado com o gado, a vacinação e as mudanças na alimentação. Tudo isso ampliou as atribuições de seu ofício e acentuou o seu caráter de zelador. O vaqueiro com apuro técnico representava maiores ganhos para os proprietários e para os próprios trabalhadores.

Assim, à medida que a criação se especializava, aumentavam as responsabilidades dos trabalhadores. As unidades produtoras funcionavam de maneira extensiva, e, dessa forma, o gado circulava entre áreas de climas diferentes (inverno nos *taboleiros* e verão nas *caatingas*). O conhecimento do ambiente, o saber lidar com o gado em trânsito, o conhecimento e cuidado com os rebanhos, ou seja, o apuro técnico passou a ser cada vez mais exigido dos vaqueiros.

Além disso, a utilização dos caminhos boiadeiros e a construção de vários trechos de estradas vaqueiras funcionavam como ligação entre as fazendas e as áreas de solta. Dentro desses trajetos eram imprescindíveis locais de pouso, que eram definidos conforme os laços familiares e de solidariedade. O caminho percorrido por Antônio Vaqueiro e sua família entre Passagem Velha e Espinheiro tinha a casa dos familiares de Maria Vaqueira, na Fazenda Morro Velho, como local de pouso. Outra estratégia era a posse de terrenos em locais distintos, a exemplo do fazendeiro Dulcério. Seu gado transitava entre o Santana (próxima à sede do município) e a Fazenda Nova (às margens do Rio Jacaré na Vereda Romão Gramacho); para o repouso do gado, o fazendeiro possuía terras na localidade do Espinheiro. Em suma, o conhecimento sobre essa estrutura possibilitou o entendimento das estratégias empreendidas pelos produtores e trabalhadores e das relações sociais e familiares que se desenvolveram nas fazendas, soltas de gado, caminhos e pontos de apoio.

Apresentou-se, ainda, nesta pesquisa, uma análise sobre as diferentes relações empreendidas no ambiente pastoril, que inicialmente possibilitaram descortinar como se dava a representação de seus trabalhadores, construída a partir de discursos de memorialistas e da literatura. Nessas construções, muitas vezes de base eugenista, foi possível identificar como era entendida a questão étnica, que exaltava o "homem branco" e diminuía a presença negra na atividade pecuária. Essa representação foi problematizada pela historiografia recente, que, para tanto, buscou meios de explicar como ocorreram as relações de trabalho antes e no pós-abolição. Nesse sentido, os laços de dependência foram elementos importantes dessas análises.

Assim, constatou-se que o ofício de vaqueiro é um traço marcante na atividade da pecuária sertaneja, pois seus trabalhadores possuem uma identidade cultural e um sentido de pertencimento, ressaltados pelas memórias muitas vezes afetivas. Mas a identificação dos diferentes trabalhadores, nomeados como vaqueiros administradores, vaqueiros proprietários, vaqueiros empregados e ajudante de vaqueiro, auxiliou na ruptura de generalizações sobre as relações de trabalho, antes simplificadas, em torno das sortes, da dependência e da fidelidade entre vaqueiros e fazendeiros.

No interior da atividade pastoril em Morro do Chapéu, durante o período pesquisado, os conflitos não eram anulados pela fidelidade inquestionável. Os ganhos com o sistema de sortes não eram garantias de aquisição de bons rendimentos para todos os vaqueiros. Foi percebido que havia uma multiplicidade de relações e contratos, e que as sortes estavam atreladas a um sistema de dependência do vaqueiro, pois em alguns casos, desde o ato da contagem, da ferra e do recebimento das crias, os vaqueiros já estavam devendo ao patrão. Mas em outros casos, o contrato garantia, além das sortes, o pagamento do alforje ou das despesas com alimentação, o que significaria um maior rendimento dos vaqueiros nessas fazendas.

Dessa maneira, autoafirmar-se como bom vaqueiro ou como um trabalhador especializado era sua forma de negociar melhores condições de trabalho. O patrão, por sua vez, aproveitava esse discurso de confiança do vaqueiro como o zelador do gado para garantir melhores rendimentos e evitar as perdas em uma atividade praticada em vastas áreas de terras.

Além das relações de trabalho, foram identificados vários componentes do universo cultural dos vaqueiros, como a solidariedade, os aboios, as práticas de cura e os trajes de couro, que compunham o arquétipo e que eram essenciais nesse ofício. Nesse sentido, ser detentor de todos esses recursos articulava o apuro técnico e a construção de um imaginário que formaram a identidade do vaqueiro sertanejo.

Outra característica do ofício de vaqueiro é a hereditariedade, segundo a qual o aprendizado acontecia pelos laços familiares. Percebeu-se, nesta pesquisa, que a hereditariedade era um fator importante, mas não determinante, para a escolha dessa profissão. Condições de pobreza e pouca perspectiva de vida levaram jovens a entrar no mundo pastoril como ajudantes de vaqueiros e a terem seu aprendizado iniciado fora de seu ambiente doméstico. Ao discutir essa questão da hereditariedade, foi demonstrado como as relações familiares permeavam a atividade pastoril, e como as relações de trabalho sofriam influência dos laços de parentesco. Nesse contexto, o vaqueiro proprietário cuidava do rebanho de sua família e dele retirava o seu sustento, e o aprendizado da lida e dos conhecimentos necessários ao cuidado com o gado também ocorriam dentro dos ambientes domésticos.

Portanto, para pensar a pecuária para além da mentalidade centrada no "período do desbravamento" foi necessário contrapor a visão de vaqueiros solitários, desapegados, vivendo em total isolamento e outras formas de organização, pois era em torno dos núcleos familiares que essa atividade se organizava. Nessa perspectiva, o casamento e as uniões afetivas eram importantes formas de desenvolver e fortalecer os laços de solidariedade e dependência. Pelo casamento foi possível identificar os conflitos étnicos nos quais casamentos inter-raciais poderiam não ser aceitos.

E foi partindo da análise familiar que se entendeu quais eram os papéis da mulher dentro do ambiente pastoril. Em uma cultura patriarcal, as visões sobre o comportamento e as funções femininas eram idealizadas em torno da submissão aos pais e maridos. Ao se analisar a atividade pecuária nos diferentes aspectos e contextos, percebeu-se uma variedade de papéis femininos e diferentes relações de gênero.

Além disso, a visão de mulher idealizada e obediente foi contraposta pelas mulheres provedoras que emergiram do contexto das secas, pelas mulheres proprietárias de terras e de gado, pelas esposas que ajudavam os maridos e atuavam diretamente com o gado e pelas filhas que acumulavam funções vistas como femininas ou masculinas. O fato de os papéis femininos no sertão terem sido múltiplos está relacionado às necessidades de subsistência e complementação da renda familiar. Esses papéis foram identificados a partir do registro das trajetórias femininas, especialmente de Maria Marcolina e Eliséria Béu. Em síntese, este estudo correspondeu a um esforço para entender como as mulheres atuavam no ambiente pastoril e como ocorriam as relações de gênero nesse espaço.

FONTES

ARQUIVO PÚBLICO MUNICIPAL. Livro de receitas, 1912 a 1914.

ARQUIVO PÚBLICO MUNICIPAL. Livro de registro de marcas de fogo, 1910 a 1922.

ARROLAMENTO de bens de Antônio Manoel Fernandes n.º 2002/77 (Acervo pessoal cedido a esta pesquisa).

BIBLIOTECA PÚBLICA MUNICIPAL CARNEIRO RIBEIRO. Lei n.º 164, de 25/06/1929. Orçamento Municipal de Morro do Chapéo.

CARTÓRIO do Registro Civil de Morro do Chapéu. Registro n.º 37, livro B 17 (1937 a 1942).

CERTIDÃO de casamento n.º 11 de Antônio Manoel Fernandes e Maria Marcolina de Jesus (Acervo pessoal cedido a esta pesquisa).

FÓRUM MUNICIPAL CLÉRISTON ANDRADE. Processo Crime contra Quintino de Souza Lobo. 1874. Seção Judiciária.

JORNAL CORREIO DO SERTÃO, Morro do Chapéu-BA. 01- 15/07/1917

JORNAL CORREIO DO SERTÃO, Morro do Chapéu-BA. 10- 16/09/1917

JORNAL CORREIO DO SERTÃO, Morro do Chapéu- BA. 11- 23/09/1917

JORNAL CORREIO DO SERTÃO, Morro do Chapéu-BA. 34- 03/03/1918

JORNAL CORREIO DO SERTÃO, Morro do Chapéu-BA. 39- 07/04/1918

JORNAL CORREIO DO SERTÃO, Morro do Chapéu-BA. 54- 21/07/1918

JORNAL CORREIO DO SERTÃO, Morro do Chapéu-BA. 55-28/07/1918

JORNAL CORREIO DO SERTÃO, Morro do Chapéu-BA. 58- 18/08/1918

JORNAL CORREIO DO SERTÃO, Morro do Chapéu-BA. 60- 01/09/1918

JORNAL CORREIO DO SERTÃO, Morro do Chapéu-BA. 61- 08/09/1918

JORNAL CORREIO DO SERTÃO, Morro do Chapéu-BA. 65- 06/10/1918

JORNAL CORREIO DO SERTÃO, Morro do Chapéu-BA. 75- 15/12/1918

JORNAL CORREIO DO SERTÃO, Morro do Chapéu-BA. 97- 18/05/1919

JORNAL CORREIO DO SERTÃO, Morro do Chapéu-BA. 105-15/07/1919

JORNAL CORREIO DO SERTÃO, Morro do Chapéu-BA. 108- 03/08/1919

JORNAL CORREIO DO SERTÃO, Morro do Chapéu-BA. 109- 10/08/1919

JORNAL CORREIO DO SERTÃO, Morro do Chapéu-BA. 110-16/07/1919

JORNAL CORREIO DO SERTÃO, Morro do Chapéu-BA. 112- 31/08/1919

JORNAL CORREIO DO SERTÃO, Morro do Chapéu-BA. 118- 12/10/1919

JORNAL CORREIO DO SERTÃO, Morro do Chapéu-BA. 136- 29/02/1920

JORNAL CORREIO DO SERTÃO, Morro do Chapéu-BA. 141- 21/03/1920

JORNAL CORREIO DO SERTÃO, Morro do Chapéu-BA. 143- 04/04/1920

JORNAL CORREIO DO SERTÃO, Morro do Chapéu-BA. 144- 11/04/1920

JORNAL CORREIO DO SERTÃO, Morro do Chapéu-BA. 153- 13/06/1920

JORNAL CORREIO DO SERTÃO, Morro do Chapéu-BA. 156- 04/07/1920

JORNAL CORREIO DO SERTÃO, Morro do Chapéu-BA. 190- 27/02/1921

JORNAL CORREIO DO SERTÃO, Morro do Chapéu-BA. 208- 03/07/1921

JORNAL CORREIO DO SERTÃO, Morro do Chapéu-BA. 210- 15/07/1921

JORNAL CORREIO DO SERTÃO, Morro do Chapéu-BA. 247- 02/04/1922

JORNAL CORREIO DO SERTÃO, Morro do Chapéu-BA. 258- 18/06/1922

JORNAL CORREIO DO SERTÃO, Morro do Chapéu-BA. 292-23/06/1923

JORNAL CORREIO DO SERTÃO, Morro do Chapéu-BA. 315- 22/07/1923

JORNAL CORREIO DO SERTÃO, Morro do Chapéu-BA. 316- 29/07/1923

JORNAL CORREIO DO SERTÃO, Morro do Chapéu-BA. 352-06/04/1924

JORNAL CORREIO DO SERTÃO, Morro do Chapéu-BA. 363- 22/06/1924

JORNAL CORREIO DO SERTÃO, Morro do Chapéu-BA. 387- 14/12/1924

JORNAL CORREIO DO SERTÃO, Morro do Chapéu-BA. 403- 12/07/1925

JORNAL CORREIO DO SERTÃO, Morro do Chapéu-BA. 436- 02/05/1926

JORNAL CORREIO DO SERTÃO, Morro do Chapéu-BA. 444- 25/07/1926

JORNAL CORREIO DO SERTÃO, Morro do Chapéu-BA. 493- 31/07/1927

JORNAL CORREIO DO SERTÃO, Morro do Chapéu-BA. 519- 29/01/1928

JORNAL CORREIO DO SERTÃO, Morro do Chapéu-BA. 525- 11/03/1928

JORNAL CORREIO DO SERTÃO, Morro do Chapéu-BA. 526- 18/03/1928

JORNAL CORREIO DO SERTÃO, Morro do Chapéu-BA. 543- 15/07/1928

JORNAL CORREIO DO SERTÃO, Morro do Chapéu-BA. 581- 07/04/1929

JORNAL CORREIO DO SERTÃO, Morro do Chapéu-BA. 586- 12/05/1929

JORNAL CORREIO DO SERTÃO, Morro do Chapéu-BA. 639- 18/05/1930

JORNAL CORREIO DO SERTÃO, Morro do Chapéu-BA. 735- 20/03/1932

JORNAL CORREIO DO SERTÃO, Morro do Chapéu-BA. 739- 17/04/1932

JORNAL CORREIO DO SERTÃO, Morro do Chapéu-BA. 745- 29/05/1932

JORNAL CORREIO DO SERTÃO, Morro do Chapéu-BA. 757- 21/08/1932

JORNAL CORREIO DO SERTÃO, Morro do Chapéu-BA. 777- 08 /01/1933

JORNAL CORREIO DO SERTÃO, Morro do Chapéu-BA. 783- 26/02/1933

JORNAL CORREIO DO SERTÃO, Morro do Chapéu-BA. 812- 10/09/1933

JORNAL CORREIO DO SERTÃO, Morro do Chapéu-BA. 853- 24/06/1934

JORNAL CORREIO DO SERTÃO, Morro do Chapéu-BA. 854- 01/07/1934

JORNAL CORREIO DO SERTÃO, Morro do Chapéu-BA. 906- 30/06/1936

JORNAL CORREIO DO SERTÃO, Morro do Chapéu-BA. 1008- 13/07/1937

JORNAL CORREIO DO SERTÃO, Morro do Chapéu-BA. 1010- 07/07/1937

JORNAL CORREIO DO SERTÃO, Morro do Chapéu-BA. 1165- 16/06/1940

JORNAL CORREIO DO SERTÃO, Morro do Chapéu-BA. 1075- 25/09/1938

JORNAL CORREIO DO SERTÃO, Morro do Chapéu-BA. 1083- 27/11/1938

JORNAL CORREIO DO SERTÃO, Morro do Chapéu-BA. 1190- 08/12/1940

JORNAL O LIDADOR, Jacobina-BA. Número 55, 21/09/1934.

Fontes Orais:

Entrevista realizada com Ana Laranjeira dos Santos 88 anos em 31/01/2021.

Entrevista realizada com Ananias Alves dos Santos, 79 anos em 30/06/2021.

Entrevista realizada com Eliséria de Oliveira Béu, 88 anos em 26/04/2021.

Entrevista realizada com a senhora Faraildes Oliveira Pinto, 78 anos em 10/11/2019.

Entrevista realizada com Gilmar Novaes, 12/10/2020.

Entrevista realizada com Godofredo Simplício dos Santos Freitas, 55 anos, em 10/12/2018.

Entrevista realizada com Iraci dos Reis Santos 72 anos em 01/01/2020.

Entrevista realizada com Jailda Miranda, 68 anos, 19/03/2020.

Entrevista realizada com o senhor Jailton Santos de Santana, 71 anos em 03/07/2021.

Entrevista realizada com João Correia de Souza, 85 anos em 02/07/2021.

Entrevista realizada com o senhor João da Silva Cruz, 60 anos, 01/10/2020.

Entrevista realizada com José de Santana Inácio, 74 anos, em 01/07/2021.

Entrevistas realizada com José Reis dos Santos, 73 anos, em 29/06/2021.

Entrevista realizada com Julindo Bispo do Rosário, 85 anos em 23/03/2021.

Entrevista realizada com Orlando Bernardes de Brito, 68 anos, 07/01/2019.

REFERÊNCIAS

ABREU, João Capistrano. **Capítulos de história colonial**: 1500-1800 & Os caminhos antigos e o povoamento do Brasil. Brasília: Editora da Universidade de Brasília, 1982.

ALENCAR, José de. **O sertanejo**. 5. ed. São Paulo: Melhoramentos, [19--]. Disponível em: http://www.dominiopublico.gov.br/download/texto/bv000140.pdf. Acesso em: 1 out. 2020.

AMADO, Janaína. Região, Sertão e Nação. **Revista Estudos Históricos**, Rio de Janeiro, v. 8, n. 15, p. 145-152, jul. 1995. Disponível em: http://bibliotecadigital. fgv.br/ojs/index.php/reh/article/view/1990. Acesso em: 1 out. 2020.

AMADO, Janaina; FERREIRA, Marieta de Morais (org.). **Usos e abusos da História Oral**. 8. ed. Rio de Janeiro: FGV, 2006.

ANDRADE, Manuel Correia de. A Pecuária e a Produção de Alimentos no Período Colonial. *In*: SZMRECSANYI, Tamás (org.). **História Econômica do Período Colonial**. 2. ed. São Paulo: Hucitec/Edusp/Imprensa Oficial, 2002. p. 99-108.

ASSIS, Ana Marlúcia Oliveira *et al*. Bró, caxixe e ouricuri: estratégias de sobrevivência no semiárido baiano. **Revista de Nutrição**, Campinas, v. 12, n. 2, p. 159-166, maio/ago. 1999.

AZAMBUJA, Cristina Spengler. O papel social da mulher brasileira nas décadas de 30 a 60, retratada através das propagandas veiculadas na revista O Cruzeiro. **Instituto de ciências sociais aplicadas**, Novo Hamburgo, v. 3, n. 1, p. 83-91, jan./ jul. 2006. Disponível em: https://periodicos.feevale.br/seer/index.php/revistagestaoedesenvolvimento/article/view/834. Acesso em: 18 jul. 2021.

BAHIA. Secretaria de Cultura. Instituto do Patrimônio Artístico e Cultural da Bahia. **Ofício de vaqueiro**. Salvador: SecultBA, 2013.

BANDEIRA, Luiz Alberto Moniz. **O feudo**: a Casa da Torre de Garcia d'Ávila: da conquista dos sertões à independência do Brasil. 2. ed. Rio de Janeiro: Civilização Brasileira, 2007.

BARROS, José D'Assunção. **O Campo da História** – especialidades e abordagens. Petrópolis: Vozes, 2004.

BOAVENTURA, Eurico Alves. **Fidalgos e Vaqueiros**. Salvador: Centro Editorial e Didático da UFBA, 1989.

BRASIL. Ministério da Cultura. Fundação Palmares. **Certidões expedidas às comunidades remanescentes de quilombos (CRQs)**. 2013. Disponível em: http://www.palmares.gov.br/wp-content/uploads/2013/06/1-crqs-certificadas--ate-10-06-2013.pdf. Acesso em: 13 dez. 2018.

CALMON, Pedro. **História da Casa da Torre**: uma dinastia de pioneiros. 3. ed. Salvador: Funceb, 1983.

CÂMARA DOS DEPUTADOS. **Projeto de Lei da Câmara n.º 83, de 2011**. 2011. Disponível em: https://www25.senado.leg.br/web/atividade/materias/-/materia/102453. Acesso em: 12 jul. 2021.

CASCUDO, Luís da Câmara. **Vaqueiros e cantadores**. São Paulo: Global, 2005.

CHALHOUB, Sidney. **Visões da Liberdade**: uma história das últimas décadas da escravidão na Corte. São Paulo: Companhia das Letras, 1990.

CUNEGUNDES, Jubilino. **Morro do Chapéu**. Bahia: Empresa Gráfica da Bahia, 1989.

DÁVILA, Jérry. **Diploma de Brancura**: política social e racial no Brasil 1917-1945. São Paulo: Editora da Unesp, 2006.

FALCI, Miridan Britto Knox. Mulheres do Sertão Nordestino. *In*: DEL PRIORE, Mary (org.). **História das Mulheres no Brasil**. 9. ed. São Paulo: Contexto, 2007. p. 241-277.

FERREIRA, Jackson André da Silva. **Gurgalha**: um coronel e seus dependentes no sertão baiano (Morro do Chapéu, século XIX). 2014. 278 f. Tese (Doutorado em História) – Programa de Pós-Graduação em História Social, Faculdade de Filosofia e Ciências Humanas, Universidade Federal da Bahia, Salvador, 2014.

FERREIRA, Jackson André da Silva. **Gurgalha**: um coronel e seus dependentes no sertão baiano (Morro do Chapéu, século XIX). Salvador: Eduneb, 2018.

FERREIRA, Marieta de Moraes. História oral: velhas questões, novos desafios. *In*: CARDOSO, Ciro Flamarion; VAINFAS, Ronaldo (org.). **Novos domínios da história**. Rio de Janeiro: Elsivier, 2012. p. 169-186.

FONSECA, Emanuela Betânia da. **Práticas de cura e religiosidade afro-brasileira em Jacobina-BA (1976-1988)**. 2017. 166 f. Dissertação (Mestrado em

História) – Programa de Pós-Graduação em História, Universidade Estadual de Feira de Santana, Feira de Santana, 2017.

FRAGA FILHO, Walter. **Encruzilhadas da liberdade**: História de escravos e libertos na Bahia (1870-1910). Campinas: Editora da Unicamp, 2006.

FUNDAÇÃO PALMARES. **Certidões expedidas às comunidades remanescentes de quilombos (CRQs)**. Atualizada até a Portaria n.º 104/2016, publicada no DOU de 20/05/2016. 2016. Disponível em: http://www.palmares.gov.br/wp-content/uploads/2016/06/COMUNIDADES-CERTIFICADAS.pdf. Acesso em: 11 out. 2020.

GOMES, Josildete. Povoamento da Chapada Diamantina. **Revista do Instituto Geográfico e Histórico da Bahia**, Salvador, n. 77, 1952.

HALL, Stuart. **Cultura e Representação**. Rio de Janeiro: Editora da PUC-Rio/Apicuri, 2016.

HOBSBAWM, Eric J. **A Era dos Impérios (1875-1914)**. 25. ed. Rio de Janeiro; São Paulo: Paz e Terra, 2018.

IBGE – Instituto Brasileiro de Geografia e Estatística. **Censo Demográfico 2010**. Morro do Chapéu. 2010. Disponível em: http://cidades.ibge.gov.br. Acesso em: 15 out. 2020.

LEITE, Jedean Gomes. **"Terra do Frio", Coronéis de "Sangue Quente"?** Política, poder e alianças em Morro do Chapéu (1919-1926). 2009. 167 f. Dissertação (Mestrado em História) – Programa de Pós-Graduação em História, Universidade Estadual de Feira de Santana, Feira de Santana, 2009.

LINHARES, Maria Yedda Leite. A pecuária e a produção de alimentos na colônia. *In*: SZMRECSANYI, Tamás (org.). **História Econômica do Período Colonial**. 2. ed. São Paulo: Hucitec/Edusp/Imprensa Oficial, 2002. p. 109-121.

MAESTRI, Mário. O cativo, o gaúcho e o peão: considerações sobre a fazenda pastoril rio-grandense (1680-1964). *In*: MAESTRI, Mário (org.). **Peões, vaqueiros e cativos campeiros**: estudos sobre a economia pastoril no Brasil. Passo Fundo: Editora da Universidade de Passo Fundo, 2010. p. 212-300.

MEDRADO, Joana. **Terras de Vaqueiros**: Relações de trabalho e cultura política no sertão da Bahia, 1880-1900. Campinas: Editora da Unicamp, 2012.

MELO, Hildete; MARQUES, Teresa Cristina de Novaes. A Partilha da Riqueza na Ordem Patriarcal. **Revista de Economia Contemporânea**, Rio de Janeiro, v. 2, n. 5, p. 155-179, jul./dez. 2001.

MOTT, Luiz. A pecuária no sertão do Piauí (1697-1818). *In*: MAESTRI, Mário (org.). **Peões, vaqueiros e cativos campeiros**: estudos sobre a economia pastoril no Brasil. Passo Fundo: Editora da Universidade de Passo Fundo, 2009. p. 15-52.

NEVES, Erivaldo Fagundes. **Uma comunidade sertaneja**: da sesmaria ao minifúndio (uma história regional e local). 2. ed. Salvador: EDUFBA; Feira de Santana: UEFS, 2008.

NEVES, Erivaldo Fagundes; MIGUEL, Antonieta (org.). **Caminhos do Sertão**: ocupação territorial, sistema viário e intercâmbios coloniais dos Sertões da Bahia. Salvador: Arcádia, 2007.

OSTOS, Natasha Stefania Carvalho. A questão feminina: importância estratégica das mulheres para a regulação da população brasileira (1930-1945). **Cadernos Pagu**, Campinas, n. 39, p. 313-343, dez. 2012.

PAULA, Firmino de. **História do Boi Leitão ou o vaqueiro que não mentia**. 1973. Disponível em: http://cordel.edel.univ-poitiers.fr/. Acesso em: 10 jun. 2021.

POLLAK, Michael. Memória, Esquecimento, Silêncio. **Estudos Históricos**, Rio de Janeiro, v. 2, n. 3, p. 3-15, 1989. Disponível em: http://www.uel.br/cch/cdph/arqtxt/Memoria_esquecimento_silencio.pdf. Acesso em: 19 jul. 2021.

POLLAK, Michael. Memória e identidade social. **Estudos Históricos**, Rio de Janeiro, v. 5, n. 10, p. 200-212, 1992. Disponível em: http://www.pgedf.ufpr.br. Acesso em: 17 jun. 2021.

POMBO, Délcia Pereira. **Educação, memórias e saberes amazônicos**: vozes de vaqueiros marajoaras. 2014. 146 f. Dissertação (Mestrado em Educação) – Centro de Ciências Sociais e Educação, Programa de Pós-Graduação em Educação, Universidade do Estado do Pará, Belém, 2014.

POPPINO, Rollie E. **Feira de Santana**. Salvador: Itapuã, 1968.

QUEIROZ, Washington. Cotidiano e o Ofício de vaqueiro. *In*: BAHIA. Secretaria de Cultura. Instituto do Patrimônio Artístico e Cultural da Bahia. **Ofício de vaqueiro**. Salvador: SecultBA, 2013a. p. 41-44.

QUEIROZ, Washington. Representações simbólicas. *In*: BAHIA. Secretaria de Cultura. Instituto do Patrimônio Artístico e Cultural da Bahia. **Ofício de vaqueiro**. Salvador: SecultBA, 2013b. p. 39-40.

REIS, Alécio Gama dos. **O que farpa o boi farpa o homem**: das memórias dos vaqueiros do campo sertão de Irecê (1943-1985). 2012. 363 f. Dissertação (Mestrado em História) – Programa de Pós-Graduação em História, Universidade Estadual de Feira de Santana, Feira de Santana, 2012.

SAMPAIO, Moiseis de Oliveira. **Francisco Dias Coelho**: o coronel negro na Chapada Diamantina. Salvador: Eduneb, 2017.

SANTOS, Emily. **A seca é o inverno de muita gente**. 2014. 130 f. Dissertação (Mestrado em História) – Programa de Pós-Graduação em História, Universidade Estadual de Feira de Santana, Feira de Santana, 2014.

SANTOS, Geilza da Silva. O Engenho do Bom Fim e o lugar social da mulher negra no pós-abolição. (Areia-PB, 1890-1920). **Revista do Programa de Pós--Graduação em História da Universidade Federal do Amazonas**, Manaus, v. 11, n. 2, p. 122-144, out./dez. 2019.

SANTOS FILHO, Lycurgo. **Uma Comunidade Rural do Brasil Antigo**: aspectos da vida patriarcal no sertão da Bahia nos séculos XVIII e XIX. Salvador: UEFS/ Fundação Pedro Calmon, 2012.

SANTOS, Márcio Roberto Alves dos. **Rios e Fronteiras**: Conquista e Ocupação do Sertão Baiano. São Paulo: Editora da Universidade de São Paulo, 2017.

SCHWARCZ, Lilia Moritz. Usos e abusos da Mestiçagem e da Raça no Brasil: uma história das teorias raciais em finais do século XIX. **Afro-Ásia**, Salvador, v. 18, p. 77-101, 1996.

SECRETO, Maria Verônica. **Pequenas histórias de sujeitos singulares**. Rio de Janeiro: Mauad X/Faperj, 2014.

SEI. Superintendência de Estudos Econômicos e Sociais da Bahia. **Evolução territorial e administrativa do Estado da Bahia**: Um breve histórico. Salvador: SEI, 2003.

SILVA, Andréia Oliveira da. Coitado do home. O posteiro em fins do Século XX no norte do Rio Grande do Sul. *In*: MAESTRI, Mário (org.). **Peões, vaqueiros e cativos campeiros**: estudos sobre a economia pastoril no Brasil. Passo Fundo: Editora da Universidade de Passo Fundo, 2010. p. 89-107.

SILVA, Francisco Carlos Teixeira da. Pecuária, agricultura de alimentos e recursos naturais no Brasil-Colônia. *In*: SZMRECSANYI, Tamás (org.). **História Econômica do Período Colonial**. 2. ed. São Paulo: Hucitec/Edusp/Imprensa Oficial, 2002. p. 123-159.

SOARES, Valter Guimarães. Paisagem-Sertão, Narrativas e Inscrições de si: A Estatização de Eurico Alves Boaventura. *In*: XXVI SIMPÓSIO NACIONAL DE HISTÓRIA (ANPUH), 2011, São Paulo. **Anais** [...]. São Paulo: [*s. n.*], jul. 2011. p. 1-16.

SOIHET, Rachel. História das Mulheres. *In*: CARDOSO, Ciro Flamarion; VAINFAS, Ronaldo (org.). **Domínios da História**: ensaios de teoria e metodologia. 2. ed. Rio de Janeiro: Elsevier, 2011. p. 263-283.

STEPAN, Nancy Leys. Eugenia no Brasil, 1917-1940. *In*: HOCHMAN, Gilberto; ARMUS, Diego (org.). **Cuidar, controlar, curar**: ensaios históricos sobre saúde e doença na América Latina e Caribe. Rio de Janeiro: Fiocruz, 2004. p. 329-391.

THOMPSON, Edward Palmer. **A Formação da Classe Operária Inglesa**: a árvore da liberdade. 4. ed. Rio de Janeiro: Paz e Terra, 1987. v. 1.

THOMPSON, Edward Palmer. **As peculiaridades dos ingleses e outros artigos**. Campinas: Editora da Unicamp, 2001.

THOMPSON, Edward Palmer. **Costumes em comum**: estudos sobre a cultura popular tradicional. São Paulo: Companhia das Letras, 1998.

VAINFAS, Ronaldo. História das Mentalidades e História Cultural. *In*: CARDOSO, Ciro Flamarion; VAINFAS, Ronaldo (org.). **Domínios da História**: ensaios de teoria e metodologia. 2. ed. Rio de Janeiro: Elsevier, 2011. p. 117-151.

VASCONCELOS, Tânia Mara Pereira. **Sertanejas "defloradas" e "Dom Juans" julgados**: relações sexoafetivas de mulheres pobres em processos de crimes contra os costumes em Jacobina-BA (1942-1959). 2018. 329 f. Tese (Doutorado em História) – Programa de Pós-Graduação em História, Universidade Federal Fluminense, Niterói, 2018.

ZANCANARI, Natalia Scarabeli e. **Estrada boiadeira, sua história, seus peões e comitivas**: do Sul de Mato Grosso ao Noroeste paulista. Dourados, MS: UFGD, 2013.